Gardaseeberge

W0330733

Heinrich Bauregger

Bergwanderungen rund um den Gardasee

Auswahlführer für die Gebiete
um Arco, Riva, den Ledrosee, Limone,
Gargnano und das Valvestino sowie
für den gesamten Monte-Baldo-Kamm

BERGVERLAG RUDOLF ROTHER GMBH • MÜNCHEN

Umschlagbild:
Blick über Madonna di Montecastello
nach Süden auf den Gardasee

Bild gegenüber dem Titel (Seite 2): Blick über Torri del Benaco
auf den Monte Pizzocolo

Sämtliche Fotos vom Autor

Kartenskizzen: W. Mayr, Innsbruck

Die Ausarbeitung aller in diesem Führer beschriebenen Anstiege und Routen erfolgte nach bestem Wissen und Gewissen des Autors. Die Benützung dieses Führers geschieht auf eigenes Risiko. – Soweit gesetzlich zulässig, wird eine Haftung für etwaige Unfälle und Schäden jeder Art aus keinem Rechtsgrund übernommen.

Alle Rechte vorbehalten
Bergverlag Rudolf Rother GmbH, München
1. Auflage 1992
ISBN 3-7633-4095-5

Gesamtherstellung Rother Druck GmbH, München
(2297/9201)

Vorwort

Der Gardasee, seit Jahrzehnten bereits ein bevorzugtes Ziel für unternehmungslustige Sportsfreunde, gilt vielen Besuchern aus dem Norden als der Inbegriff einer touristenüberfluteten Region, von der sich Natursuchende eher fernhalten sollten. Zu Unrecht. Wer nur die stark frequentierten Uferstreifen im Auge hat, mag recht haben, doch wird jeder zustimmen, daß dieser größte italienische See mit seiner mediterranen Landschaft inmitten steil aufragender Berge zu den reizvollsten Feriengebieten ganz Europas zählt. Seit Jahrhunderten umkämpft, teilen sich heute die drei italienischen Provinzen Lombardia, Trentino und Veneto diese Region. Die letzten kriegerischen Auseinandersetzungen fanden im Ersten Weltkrieg statt, als Österreich-Ungarn hier am Gardasee an die italienische Republik grenzte. Noch heute kann man die großen Narben dieser gewalttätigen Auseinandersetzung sehen. Bis weit in die Gipfelregionen ziehen sich die damals angelegten Kriegswege, auf denen wir heute wandern. Neben dieser ehemals militärischen Infrastruktur gibt es in den Gardaseebergen zahlreiche Maultierwege, die bis vor der Motorisierung die verstreut liegenden Dörfer und die dazugehörigen Almen auf intelligente Weise verbanden. Viele dieser Wege – zum Teil mit Natursteinen gepflastert – sind heute noch erhalten. Auf der Ostseite der Gardaseeberge finden wir ein zum Teil gut markiertes Wegenetz vor, während auf der Westseite häufig Orientierungssinn verlangt wird. Wer allerdings der Vorstellung anhängt, daß Bergwandern unter „südlicher" Sonne ein schweißtreibendes Unternehmen darstellen muß, sieht sich hier angenehm enttäuscht. Die meisten Hänge dieser vielgestaltigen Bergwelt sind mit dichtem Wald und Buschwerk bewachsen, das erträgliche Temperaturen oder zumindest Schutz vor der Sonne gewährleistet. Was für das Wegenetz gilt, trifft auch auf die Streuung der bewirtschafteten bzw. unbewirtschafteten Hütten zu: Auf der Ostseite – auf dem Monte-Baldo-Kamm und seinen nördlichen Ausläufern – finden wir einige bewirtschaftete Einkehrmöglichkeiten, während auf der Westseite eher wenige und dann fast „nur" Selbstversorgerhütten zu finden sind. Auch wenn viele der hier vorgeschlagenen und beschriebenen Wanderungen am Gardasee für weniger Geübte gedacht sind, so darf doch nicht übersehen werden, daß große Teile der Gardaseeberge einsames Gelände sind und manche Route überdies durch steiles Gelände verläuft.
Daß die Streifzüge durch die Gardaseeberge neben dem sportlichen Aspekt auch sehr anregend und erholsam sein werden, wünscht der Verfasser all seinen Nachfolgern.

München, im Sommer 1992 — Heinrich Bauregger

Inhaltsverzeichnis

Seite

Vorwort 5
Touristische Hinweise 8
Wissenswertes 13
Talorte und Sehenswürdigkeiten 13
Ausflugsziele 18

1 Cima Palon 22
2 Cornetto 24
3 Monte Stivo 26
4 Monte Biaena 28
5 Monte Creino 30
6 Monte Altissimo di Nago 32
7 San Giacomo – Rif. Damiano Chiesa 34
8 Lago di Pra della Stua 36
9 Bocca di Navene 38
10 Tratto Spino – Monte Altissimo di Nago 40
11 Tratto Spino – Cima Valdritta 42
12 Rif. Novezzina – Cima Valdritta 44
13 Assenza – Rif. Telegrafo 46
14 Malga Fiabio und SS. Benigno e Caro 48
15 Rifugio Chierego 50
16 Madonna della Corona 52
17 Porto di Brenzone – Prada 54
18 Zur Baia delle Sirene 56
19 Monte Spino 58
20 Monte Pizzocolo 60
21 Monte Castello di Gaino 62
22 San Valentino 64
23 Muslone – Piovere 66
24 Madonna di Montecastello 68
25 Cima Comer und Monte Denervo 70
26 Malga Vesta di Cima 72
27 Bocca Cocca 74
28 Monte Stino 76
29 Rifugio Alpo – Cima Tombea 78

30 Monte Caplone . . . 80
31 San Michele . . . 82
32 Rifugio Passo Nota . . . 84
33 Malga Dalco . . . 86
34 Monte Carone . . . 88
35 Monte Brione . . . 90
36 Malga Leano – Malga Cadrione . . . 92
37 Cima Corno . . . 94
38 Tiarno di sotto – Rif. Garda . . . 96
39 Pregasina – Cima di Mughera . . . 98
40 Cima SAT . . . 100
41 Rocchetta . . . 102
42 Cima d'Oro . . . 104
43 Cima Pari . . . 106
44 Monte Cadria . . . 108
45 Rifugio Malga Grassi . . . 110
46 Bocca di Trat und Bocca di Saval . . . 112
47 Monte Misone . . . 114
48 Dosso della Torta . . . 116
49 San Giovanni al Monte . . . 118
50 Monte Casale . . . 120

Stichwortregister . . . 123

Touristische Hinweise

Gebrauch des Führers

Das Inhaltsverzeichnis informiert über den Aufbau des Buches und gibt einen Überblick über alle nachstehend beschriebenen Wanderwege. Innerhalb eines Tourenvorschlags findet man wichtige Informationen zunächst in Form eines Steckbriefs. Es folgt meist eine kurze Charakterisierung, sodann eine kurze Beschreibung des entsprechenden Weges. Ergänzt wird der Text durch eine mehrfarbige Wanderkarte mit eingezeichneter Route und ein Farbbild. Wichtiger Bestandteil des Führers ist das Stichwortverzeichnis am Schluß. Hier sind alle behandelten Berggruppen, Talorte, Ausgangspunkte, Stützpunkte und Tourenziele angeführt. Es bereitet daher keine Schwierigkeit, je nach eigenem Standort verschiedene Wandermöglichkeiten nachzuschlagen. Schließlich informiert eine Übersichtskarte über die Lage der behandelten Tourengebiete.

Anforderungen

Die meisten Wanderungen verlaufen auf gut instand gehaltenen und markierten Steigen und Wegen. Dies sollte jedoch nicht darüber hinwegtäuschen, daß manche Stellen Trittsicherheit und Schwindelfreiheit erfordern. Außerdem ist zu beachten, daß die Touren im Frühsommer und nach längeren Schlechtwetterperioden erhöhte Anforderungen aufweisen können.

Um die jeweiligen Anforderungen besser einschätzen zu können, wurden die Tourenvorschläge mit verschiedenen Farben markiert. Diese Farben erklären sich wie folgt:

BLAU

Der Weg ist markiert, ausreichend breit und nur mäßig steil, daher auch bei Schlechtwetter relativ gefahrlos zu begehen. Diese Wege können auch von Kindern und älteren Leuten ohne große Gefahr begangen werden.

ROT

Diese Steige sind ausreichend markiert, überwiegend aber schmal und über kurze Abschnitte bereits etwas ausgesetzt. Kurze Strecken dieser Steige können bereits mit Drahtseilen abgesichert sein und sollten daher nur von trittsicheren Bergwanderern begangen werden.

SCHWARZ

Diese Steige sind ebenfalls ausreichend markiert, aber schmal und über weite Abschnitte steil angelegt. Stellenweise können sie sehr ausgesetzt sein, manchmal wird die Zuhilfenahme der Hände notwendig. Dies bedeutet, daß diese Wege nur von absolut trittsicheren, konditionsstarken und alpin erfahrenen Wanderern angegangen werden sollten.

Auf dem Höhenweg von Tratto Spino zur Cima Valdritta.

Gefahren

Obwohl die meisten der hier angeführten Wanderungen auf angelegten Pfaden, gebahnten Wegen oder Straßen folgen, ist an einzelnen abrutschbereiten Stellen, bei Querung steiler Hänge oder im steinschlaggefährdeten Gelände Vorsicht am Platze.

Ausrüstung

Feste Schuhe mit Profilgummisohle, strapazierfähige Hose sowie Rucksack mit Pullover, Regenschutz, Anorak und kleinerem Tourenproviant (Wasserflasche!) sind bei den meisten Touren Voraussetzung.

Karten

Die den einzelnen Wandervorschlägen beigegebenen, mehrfarbigen Karten mit Routeneintragungen sind ein wesentlicher Bestandteil des Führers. Mit ihnen erübrigt sich die Mitnahme anderer Wander- und Spezialkarten.

Gehzeiten

Zeitangaben sind zwar reichlich bemessen, enthalten jedoch nur die *reine* Gehzeit. Es werden Anstiegs-, Abstiegs- und Gesamtgehzeit vermerkt. Bei Rundwanderungen oder längeren Touren sind auch Zeiten für einzelne Etappen angeführt.

Schutzhütten, Gaststätten, Restaurants

Im Abschnitt „Einkehrmöglichkeiten" findet man alle an einer Wanderroute gelegenen, zur Saison geöffneten Stützpunkte. Gegebenfalls werden Nächtigungsmöglichkeit und Bewirtschaftungszeit angegeben. Da die Öffnungszeiten im Frühjahr und im Herbst witterungsabhängig sind, empfiehlt es sich, vorher im Tal Erkundigungen einzuziehen. In den Gardaseebergen gibt es nur wenige voll bewirtschaftete Hütten. Besonders auf der Westseite finden wir überwiegend Selbstversorgerunterkünfte; in einigen von ihnen kann man Getränke erwerben (Kasse).

Bergbahnen

Am Monte Baldo und am Monte Bondone befinden sich eine Seilbahn bzw. ein Sessellift. Beide Anlagen sind ganzjährig (mit Unterbrechungen) in Betrieb, da sowohl auf dem Monte Bondone als auch auf dem Monte Baldo im Winter Ski gefahren wird. Für Wanderer ist nur die Kabinenbahn auf die Kammhöhe des Monte Baldo von Interesse. Talort: Malcesine. Von ihrer Berg- bzw. Mittelstation aus lassen sich einige aussichtsreiche Wanderungen unternehmen. Großer Parkplatz an der Talstation.

Ausgangspunkte

Bei allen Tourenvorschlägen wurden die vorhandenen Parkmöglichkeiten angegeben. Oft sind diese aber recht begrenzt. Es empfiehlt sich daher – auch aus Gründen des Umweltschutzes – die öffentlichen Busverbindungen zu nutzen.

Anreise

Gewöhnlich reisen die Besucher des Gardasees mit dem eigenen Fahrzeug über die Brenner-Autobahn von Norden bzw. von Süden an, wobei folgende Ausfahrten benutzt werden: Trento (für das Bondone-Gebiet sowie das Sarcatal), Rovereto Sud (für das Gebiet um das nördliche Seeufer), Ala-Avio (für das zentrale östliche Baldo-Gebiet) sowie Affi (für das Südufer). Benutzt man die Autobahnverbindung Verona–Mailand sind es die Ausfahrten Peschiera del Garda, Sirmione und Desenzano, die uns an das südliche Seeufer heranführen. Für den Bahnreisenden gibt es Anschlußmöglichkeiten zum Gardasee mit Bussen von den Bahnhöfen Rovereto im Osten, Peschiera del Garda und Desenzano im Süden.

Blick von der Gardesana occidentale auf Riva; links im Hintergrund der noch schneebedeckte Monte Misone.

Öffentliche Verkehrsmittel

Busverkehr: Die Uferstraßen rund um den See sind durch Autoverkehr erheblich belastet. Auch sind geeignete Parkplätze rar bzw. sollten den Anwohnern vorbehalten sein. Hier empfiehlt es sich, auf das öffentliche Busnetz umzusteigen. Die Verbindungen der Orte untereinander im Seebereich sowie ins Ledro- und ins Sarcatal sind gut. Um die etwas abgelegeneren Ausgangspunkte für Wanderungen zu erreichen, wird man doch auf das Auto zurückgreifen müssen. Bitte beachten: In den Bussen werden keine Fahrkarten verkauft. Tickets gibt es an den Vorverkaufsstellen, am Automaten (oft nicht an der Haltestelle vorhanden) oder in einer Bar. Falls man also an Haltestellen außerhalb von Ortschaften oder abends zusteigen möchte, Fahrkarten auf Vorrat kaufen.

Schiffsverkehr: Zwischen den wichtigsten Orten am Gardasee gibt es während der Saison Fährverbindungen für Personen und Fahrzeuge, z.T. durch schnelle Tragflügelboote. Die Fahrpläne sind an den Abfahrtsstellen ausgehängt. Für Wanderer sind besonders die Anschlüsse zwischen Maderno und Torri del Benaco sowie zwischen Gargnano, Castelletto, Campione, Malcesine und Limone von Bedeutung. Man erspart sich dabei so manche langwierige Autorunde. Die Abfahrtszeiten sind jedoch nicht an Frühaufstehern ausgerichtet.

Abkürzungen

bew.	=	bewirtschaftet
bez.	=	bezeichnet
C.A.I.	=	Club Alpino Italiano
Cap.	=	Capanna
ganzj.	=	ganzjährig
Jh.	=	Jahrhundert
Loc.	=	Locanda
m	=	Meter
mark.	=	markiert
Mark.-Nr.	=	Markierungsnummer
Min.	=	Minuten
Rif.	=	Rifugio
S.	=	San (heiliger)
SAT	=	Società degli Alpinisti Tridentini
Std.	=	Stunde(n)

Einige italienische alpine Begriffe

acqua	=	Wasser
aiuto	=	Hilfe
albergo	=	Gasthaus, Hotel
alto, alta	=	hoch
baita	=	Unterstand, Hütte
basso	=	niedrig, tief
bivacco	=	Biwak
bivio	=	Abzweigung
bocca	=	Scharte, Paß
bosco	=	Wald
caduta di sassi	=	Steinschlag
cammino	=	Weg
caccia	=	Jagd
capanna	=	Sennhütte, Hütte
cascata	=	Wasserfall
casera	=	Almhütte
castello	=	Burg
caverna	=	Höhle
chiesa	=	Kirche
cima	=	Spitze, Gipfel
col, colle	=	Hügel, Sattel, Paß
corno	=	Horn
costa	=	Bergrücken
cresta	=	Grat
dosso	=	Rücken, Buckel
fermata	=	Haltestelle
fiume	=	Fluß
forcella	=	Scharte, Sattel
funivia	=	Seilbahn
guida	=	Führer
lago	=	See
locanda	=	Gasthaus
malga	=	Alm
montagna	=	Berg, Gebirge
monte	=	Berg
mulattiera	=	Saumpfad
passo	=	Joch, Paß
pian, piano	=	Ebene
ponte	=	Brücke
porta	=	Tor, Felsentor
pra, prato	=	Wiese
punta	=	Gipfel, Spitze
rifugio	=	Hütte, Schutzhütte
rocchetta	=	felsiger Berg
sentiero	=	Weg, Pfad
soccorso alpino	=	Bergrettung
sopra	=	oben
sorgente	=	Quelle
stella alpina	=	Edelweiß
strada	=	Straße
torre	=	Turm
torrente	=	Bach
trattoria	=	Gasthaus
val, valle	=	Tal
via	=	Weg, Route
via ferrata	=	Klettersteig

Wissenswertes

Talorte und Sehenswürdigkeiten

Im Norden

Riva, 66 m. Hauptort und Verwaltungszentrum des nördlichen Seeteils am Fuß der steil aufragenden Rocchetta. Das historische Stadtzentrum ist weitgehend erhalten und wurde in den letzten Jahren restauriert. Heute dehnt sich Riva bereits über das ehemalige Mündungsdelta der Sarca aus. Riva ist wichtiger Ausgangspunkt für die Gardaseeschiffahrt. Ein Teil der Altstadt ist Fußgängerbereich. Sehenswert sind: die Piazza 3 Novembre mit ihren Laubengängen, der Palazzo Pretorio, der Palazzo Municipale und der Torre Apponale, das Wahrzeichen von Riva. Weiter: die Wasserburg Rocca aus dem 12. Jh., die heute einige städtische Sammlungen beherbergt, sowie die Kirchen San Rocco und Inviolata.

Torbole, 69 m. Turbulentester Ferienort am Nordende des Sees. Neben einigen historischen Ecken finden sich viele Neubauten und Hotels. Sehenswert: die Seepromenade am Hafen, die Kirche Sant'Andrea sowie das alte österreichische Zollhäuschen am Hafen.

Tenno, 428 m. Schön gelegener Ort nordwestlich von Riva hoch über dem unteren Sarcatal mit mittelalterlicher Burg und Gasthaus (7,5 km von Riva).

Arco, 91 m. Heilklimatischer Kurort im Sarcatal, 6 km nördlich von Riva. Dominiert wird das zum Teil noch mittelalterliche Stadtbild von der Burgruine auf einem 126 Meter hohen Felsen, um den herum sich die winklige Altstadt Stranfor im Halbbogen zieht. Von dort beginnt auch der Weg zum „Castello“. Um die Piazza 3 Novembre ist ein ganzes Ensemble barocker Bauten angesiedelt: der Dom Santa Maria dell'Assunta, der Mosesbrunnen sowie einige Paläste mit schönen Fassaden.

Im Osten

Mori, 204 m. Inmitten eines Wein- und Obstbaugebietes liegender Ort am Eingang des Loppiotals. Der Ort bietet architektonisch nur wenig. Für Klettersteigfreunde gibt es am Monte Albano einen anspruchsvollen Steig.

Brentonico, 701 m. Erholungsort mit altem Ortskern und Pfarrkirche an den Osthängen des Monte Baldo; das Gemeindegebiet umfaßt mehrere Orte, darunter die zu Saisonzeiten stark besuchten San Giacomo, San Valentino und das Skigebiet La Polsa.

Avio, 147 m. Alter Weinbauort im Etschtal am Fuß des Monte-Baldo-Kammes mit mildem Klima. Der Ort war bereits zur Römerzeit besiedelt. Sehenswert: Häuser und Paläste aus der Zeit der venezianischen Herrschaft, die Friedhofskirche Madonna della Pieve etwas oberhalb der Ortschaft, das gut erhaltene Castello d'Avio im Ortsteil Sabbionara. In Avio beginnt die Verbindungsstraße zur Hochfläche von Brentonico.

Malcesine, 103 m. Einer der bedeutendsten Gardaseeorte in touristischer Hinsicht. Sein Wahrzeichen, die Skaligerburg, bietet neben einem kleinen Museum schöne Ausblicke auf den See. Das alte Zentrum drängt sich mit seinen engen Gassen um den Hafen und die Burg. Sehenswert: der Palazzo dei Capitani del lago, in dem sich das heutige Rathaus befindet.

Castelletto, 67 m. Malerischer Ort südlich von Malcesine mit Hafen und dem wohl geschlossensten Olivenwald auf der Ostseite des Sees.

Torri del Benaco, 67 m. Ferienort an der Gardesana orientale mit zahlreichen Resten aus seiner römischen und mittelalterlichen Vergangenheit. Neben den verwinkelten Gassen sind besuchenswert: die Reste der Skaligerburg in der Nähe des Hafens sowie die Santa-Trinita-Kapelle.

Garda, 67 m. In reizvoller Lage in einer Bucht gelegener Luftkurort mit zahlreichen alten Villen. Seit dem 8. Jh. hat dieser Ort dem See seinen Namen gegeben. Garda hatte besonders im Mittelalter einen großen Aufschwung, als es von Karl dem Großen zur Grafschaft für das gesamte umliegende Gebiet ernannt wurde. Sehenswert: die Pfarrkirche Santa Maria Maggiore aus dem 16. Jh., der Palazzo del Capitano am Seeufer, die Villa Albertini inmitten eines großen Parks. – Reizvoller Ausflug zu Fuß auf die Rocca di Garda, auf der sich früher eine Burg befand, sowie zur Einsiedelei der Kamaldulenser auf der östlich davon gelegenen Bergkuppe.

Bardolino, 69 m. Altes Fischerdorf im Süden des Monte-Baldo-Kammes, das auch einem bekannten Rotwein seinen Namen gibt.

Im Süden

Lazise, 66 m. Besonders sehenswerter Ort mit mittelalterlichem Gepräge. Die Altstadt ist noch heute von großen Teilen der alten Stadtbefestigung umgeben und kann nur zu Fuß erkundet werden.

Peschiera del Garda, 66 m. Städtchen mit gut erhaltenen Festungsanlagen aus dem Mittelalter und der Zeit der venezianischen und österreichischen Herrschaft. Badeort, zahlreiche Hotels und Campingplätze. Bahnstation.

Üppige mediterrane Vegetation am Burgberg von Arco.

Sirmione, 67 m. Schmale, vier Kilometer lange Halbinsel, deren Besiedelung auf die Zeit der Römer zurückgeht (Grotten des Catull). Kurort mit Heilquellen für rheumatische Beschwerden mit zahlreichen Hotels. Eine beeindruckende, zinnengekrönte Skaligerburg aus dem Mittelalter bildet den Zugang zur Halbinsel. Der meistbesuchte Ort am Gardasee.

Desenzano del Garda, 67 m. Interessanter und sehenswerter Ferienort mit Burg aus dem frühen Mittelalter. Bahnstation und Ausgangspunkt der Schiffahrtslinien auf dem See.

In Westen

Salò, 68 m. Hauptort der „Riviera bresciana" in der gleichnamigen Bucht mit zahlreichen, reizvollen Bauten aus dem Spätmittelalter und der frühen Neuzeit. Sehenswert: der Dom aus dem 15. Jh. und der Palazzo della Magnifica Patria. Ein schönes Wanderausflugsziel ist der Monte San Bartolomeo, 568 m, nördlich von Salò.

Gardone Riviera, 68 m. Aus zwei Ortsteilen bestehender Kurort mit besonders mildem Klima. Zahlreiche Hotels der gehobenen Preisklasse begründen seinen Ruf, der eleganteste Luftkurort am Gardasee zu sein. Um die Jahrhundertwende waren es besonders deutsche Künstler und Schriftsteller, die seinen Namen bekannt machten. Sehenswert: das Vittoriale degli Italiani, wo sich der italienische Dichter Gabriele d'Annunzio ein aufwendiges Denkmal setzte, sowie der botanische Garten.

Toscolano-Maderno, 67 m. Doppelort auf einer Landzunge mit Strandbad und mehreren Campingplätzen. Seit dem 14. Jh. Papierherstellung und

Die Kirche von Pre' di Ledro am Weg zum Ledrosee.

Buchdruckgewerbe. Sehenswert: die romanische Kirche Sant'Andrea, die Sant'Ercolano-Kirche, die Renaissancekirche SS. Pietro e Paulo, die Wallfahrtskirche Santa Maria del Benaco. Ausflugsziel für Wanderer: der Monte Lavino, 907 m, vom Weiler Magnico aus.

Bogliaco, 68 m. Ort südlich von Gargnano mit der Villa Bettoni, dem wohl großartigsten Palast am Gardasee, wobei das Schloß und der großzügig angelegte Park bedauerlicherweise durch die Gardesana durchschnitten werden. Nur von außen zu besichtigen (Privatbesitz).

Gargnano, 106 m. Noch sehr ursprünglich gebliebener Ort, dessen Gründung bis zur Römerzeit zurückreicht. Der verwinkelte Kern um den malerischen Hafen ist einen Besuch wert. Sehenswert: die San-Francesco-Kirche, die Kirche San Giacomo de Cali am nördlichen Seeufer, die Villa Feltrinelli, in der Mussolini von 1943 bis 1945 als Chef der sogenannten „Republik von Salò" seinen Amtssitz hatte. In Gargnano beginnt die 35 Kilometer lange Verbindungsstraße durch das Valvestino zum Idrosee.

Campione del Garda, 70 m. Architektonisch wenig reizvoller Ort auf einer kleinen Landzunge südlich von Limone, der durch einen Tunnel mit der Gardesana verbunden ist. Der Ort gehörte früher zu einer Baumwollweberei bzw. einer kleinen Eisenindustrie. Heute sind es vor allem junge Leute, die sich hier in den einfachen Quartieren einmieten und tagsüber dem beliebtesten Sport am Gardasee, dem Windsurfen, nachgehen. Einkaufsmöglichkeiten und einfache Trattorien vorhanden.

Pieve di Tremosine, 413 m. Auf schmaler und kurvenreicher Straße durch die Brasa-Schlucht zu erreichender Hauptort auf dem Hochplateau von Tremosine mit zahlreichen reizvollen Dörfern in der näheren Umgebung. Pieve liegt direkt an einem Felsabbruch zur Gardesana und vermittelt phantastische Tiefblicke auf den See. Sehenswert: die Pfarrkirche, deren Ursprung bis ins 8. Jh. zurückreicht. Einige Hotels und Restaurants. Ein steiler Steig führt (vom Aussichtsrestaurant) in einer halben Stunde hinab zur Gardesana.

Limone sul Garda, 96 m. Lebhafter Fremdenverkehrsort unter den steil abbrechenden Felsen der westliche Gardaseeberge, der seinen Namen den früher hier kultivierten „Limonaie" (Zitronengärten) verdankt. Die Reste davon und die pittoresken Winkel des Ortskerns vermitteln den Eindruck eines „Italiens im Kleinen". Zahlreiche Hotels, Ferienappartements und Restaurants im Ort. Sehenswert: die Pfarrkirche aus dem 17. Jh. sowie die romanische Kapelle San Pietro in Olivo oberhalb der Gardesana.

Pregasina, 532 m. Auf einer Bergterrasse gelegener, reizvoller Ort oberhalb der Gardesana mit schönem Seeblick. Auf schmaler Straße von Riva (4 km) erreichbar. Ein paar Hotels und Restaurants.

Ausflugsziele

Die hier kurz vorgestellten Abstecher sind in der Regel mit dem Auto oder Bus bzw. mit dem Schiff zu erreichen; bei einigen davon bedarf es noch einer kurzen Wanderung, um ans Ziel zu gelangen.

Im Norden

Lago di Toblino, 245 m. Reizvoller See inmitten von Weinbergen am Nordende der Sarca-Schwemmebene mit der berühmten Burg der Grafen von Wolkenstein. Die Burg ist heute Gasthaus.

Lago di Cei, 916 m. Auf der Ostseite der Bondonegruppe gelegener kleiner See mit einigen Alberghi und Picknickplätzen.

Marocche di Dro, 130–240 m. Gigantisches Bergsturzgebiet zwischen Dro und dem Lago di Cavèdine mit markierten Wanderwegen.

Rifugio San Giovanni, 1050 m. Von Arco aus (etwa 11 km) über eine reizvolle Höhenstraße erreichbarer Weiler oberhalb des Sarcatals. Das Haus ist ganzjährig an den Wochenenden geöffnet.

Marmitte dei Gigante. Diese selten zu findenden Überreste aus der Eiszeit, sogenannte Gletschermühlen, finden sich entlang der Verbindungsstraße zwischen Nago und Torbole. Knapp unterhalb von Nago kleiner Parkplatz nach der ersten Kehre. Von dort ausgeschilderter Pfad.

Cascate del Varone. 80-Meter-Wasserfall des an dieser Stelle tief in den Fels eingegrabenen Torrente di Varone. Von Riva 3,5 km auf der Straße Richtung Tenno. Parkplatz am Ortsende von Varone. Eintrittsgebühr.

Lago di Tenno, 570 m. Nordwestlich von Riva, am Fuß des Monte Misone, liegt in einer Mulde der von Wald umgebene kleine See. Zahlreiche Picknickplätze sowie ein Sporthotel am See. Angelegter Rundweg (2 Std.).

Rifugio San Pietro, 976 m. Am Südostrand des Val di San Pietro gelegenes Ausflugsziel. Anfahrt über Tenno und Ville del Monte bis Parkplatz (15 km von Riva). Dann 10 Minuten zu Fuß. Mitte Mai bis Mitte September täglich sowie an den Wochenenden davor und danach bewirtschaftet.

Malerischer Winkel in einem Ort am Gardasee.

Rifugio Malga Grassi, 1056 m. Ausflugsgaststätte (keine Übernachtung) in einem Hochtal nordwestlich von Riva. Zufahrt über Pranzo und Campi bis kurz vor das Rifugio. Von Mitte April bis Ende Oktober bewirtschaftet.

Im Süden

Manerba del Garda, 125 m. Landzunge südlich von Salò mit mehreren Ortsteilen, die am Seeufer in einen 218 Meter hohen Felsen, die Rocca di Manerba, gipfelt. Schöner Aussichtspunkt. Fußwanderung von Montinelle aus (½ Std.) bzw. Anfahrt mit dem Auto (gebührenpflichtiger Parkplatz). Auf dem Felsen befinden sich Reste einer Burg.

Im Osten

Monte-Baldo-Höhenstraße. Bei Mori beginnt diese aussichtsreiche Fahrstraße (ital. Strada Generale Graziani) durch die Ostseite des Monte-Baldo-Kammes, die parallel zum Etschtal verläuft und am Passo Canaletta, 1617 m, ihren höchsten Punkt erreicht. An der Bocca di Navene bietet sich sogar ein Blick hinab auf den Gardasee. Endpunkt ist Caprino Veronese. Diese Straße – ursprünglich ein schon im Mittelalter angelegter Maultierweg, später Militärstraße – ist heute durchgehend mit dem Auto befahrbar. Entlang der Strecke befinden sich einige Rifugi (Fos-ce, 1430 m, Rif. Graziani, 1620 m, Rif. Novezza, 1390 m, Rif. Cedron, 1305 m, Rif. Novezzina, 1255 m) und damit günstige Ausgangspunkte für Wanderungen auf der Ostseite des Monte Baldo.

Blick von Westen über Bezzecca und Pieve di Ledro auf den Ledrosee.

Corna Piana, 1736 m. Naturpark (orto botanico) auf der Südostseite des Monte Altissimo an der Monte-Baldo-Höhenstraße. Ausgangspunkt zu diesem Blumenparadies ist der Passo Canaletta beim Rifugio Graziani. Neben endemischen (d. h. nur hier vorkommenden) Blumen finden wir hier fast alle Blumenarten des Monte Baldo: Spinnweb-Eisbrech, das langstielige Tiroler Windröschen, die Kernersche Schmuckblume, die Wilde Pfingstrose, verschiedene Orchideenarten, Enziane, Primeln usw.

Madonna della Corona, ca. 730 m. Bereits aus dem Etschtal sichtbarer Wallfahrtsort an den Osthängen des Monte Baldo, den wir bequem auch mit dem Auto von Caprino Veronese über Spiazzi erreichen können. Von dort kurzer Fußmarsch. Siehe auch Tour Nr. 16.

Punta San Vigilio, 74 m. Diese kleine Landzunge bei Garda gilt als Inbegriff eines „klassischen Landschaftsbildes“ mit ihren zwei Buchten, der parkähnlichen Gestaltung, der Villenanlage mit Kirche und dem kleinen Hafen. Parkplatz am Zugang. Einkehrmöglichkeit.

Monte Luppia, 416 m. Kleine Bergkuppe nördlich der Bucht von Garda mit prähistorischen Felszeichnungen. Vom Parkplatz an der Punta San Vigilio auf Fußweg erreichbar (1 Std.).

Abendstimmung über den westlichen Gardaseebergen.

Im Westen

Madonna di Montecastello, 683 m. Wallfahrtsort auf der Strecke von Gardola nach Prabione mit Kirche und Kloster. Siehe auch Tour Nr. 24.

Lago di Ledro, 652 m. 2,8 Kilometer langer und 770 Meter breiter See im gleichnamigen Hochtal westlich von Riva. Beliebtes Ziel nicht nur für Ausflügler, sondern auch für Geschichtsinteressierte: denn an seinen Ufern finden sich noch Reste von historischen Pfahlbauten (etwa 2000 bis 1000 Jahre v. Chr.). Einige Hotels, Restaurants und Campingplätze am See.

Monte Tremalzo, 1974 m. Zweithöchster Gipfel der gleichnamigen Berggruppe zwischen Gardasee und Idrosee. Unterhalb seines Gipfels dehnt sich nach Westen eine weite Hochebene mit zahlreichen Almen aus. Von der Staatsstraße 240 führt eine 13 km lange Asphaltstraße hinauf zum Tremalzopaß, 1665 m, südwestlich des Gipfels. Dort oben bietet sich ein beeindruckendes Panorama der westlichen Gardaseeberge. Knapp oberhalb des Passes befindet sich das ganzjährig geöffnete Rifugio Garda, und etwas unterhalb das nur während der Saison zugängliche Rifugio F. Guella.

Rifugio Alpo, 1500 m. Mit dem Auto auf schmaler Asphaltstraße erreichbares Unterkunftshaus oberhalb von Bondone. Siehe Tour 29.

1 Cima Palon, 2098 m

Auf den Hausberg der Trentiner

Garniga vecchia – Baita SAT – il Palon und zurück

Talort: Garniga, 810 m; kleiner Ort mit Kirche oberhalb des Etschtals. Anfahrt über Trient, Aldeno und Covelo.
Ausgangspunkte: Garniga vecchia, 940 m; an den Hang geklebter kleiner Ort auf der Nordseite der Schlucht des Rio di Bondone mit Bar/Trattoria „Cima Verde“ und kleinem Parkplatz. Zwei weitere Startmöglichkeiten bieten sich 1,8 km oberhalb von Garniga vecchia: die erste nach 1,8 km Fahrt Richtung Bondone-Hochfläche, wo ein beschilderter Steig beginnt (Sentiero „Dos de la Galina“), die zweite nach 3,4 km.
Parkmöglichkeiten: Kleiner Parkplatz in Garniga vecchia, Abstellflächen neben der Straße an den Ausgangspunkten.
Gehzeiten: Garniga vecchia–Baita SAT 2½ Std., Gipfelanstieg von der Baita SAT 1½ Std., Abstieg 2 Std.; insgesamt: 6½ Std. Für die gesamte Runde etwa 9 Std.
Anforderungen: Der Anstieg zur Baita SAT erfolgt auf schmalem Pfad, der sich zuletzt zu einem Kriegsweg verbreitert; Trittsicherheit Voraussetzung.
Höchster Punkt: Cima Palon, 2098 m.
Einkehrmöglichkeiten: Baita SAT, 1650 m (während der Saison geöffnet, nur Getränke erhältlich). Panorama-Bar auf dem Gipfel des il Palon (ganzj. bew.).
Sehenswertes: Vogelschau auf Trient.

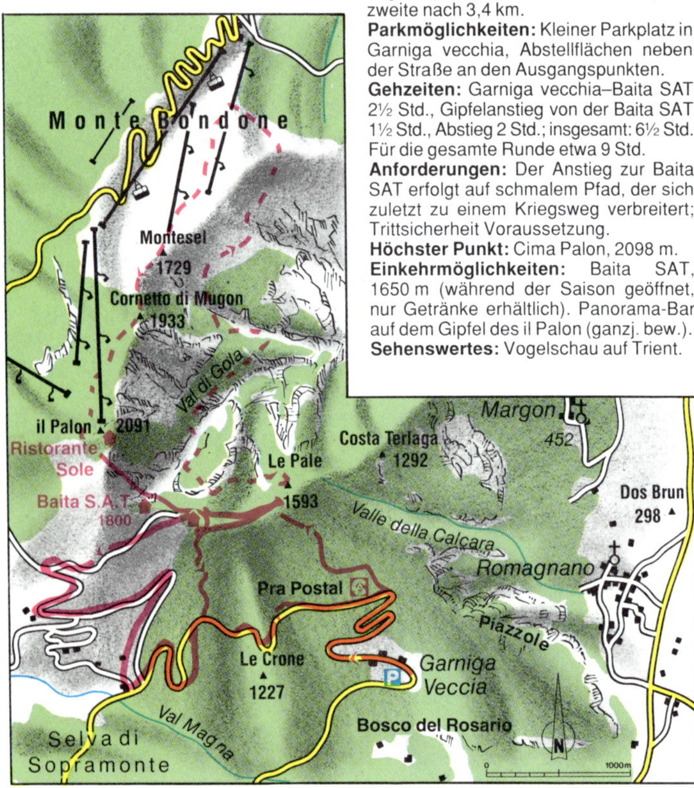

Der felsige Gipelaufbau des il Palon mit dem Sendemast von Südosten.

Der Anstieg: Wir gehen knapp zwei Kilometer die Straße Richtung Bondone-Hochfläche hoch, bis wir auf der rechten Seite auf den markierten Steig zur „Dos de la Galina" treffen. Dort durch Wald hinauf zur Baita SAT. Eine weitere günstige Möglichkeit bietet sich 3,4 km oberhalb von Garniga vecchia. Vom kleinen Parkplatz auf der linken Seite (kurz vor dem Lawinentunnel) gehen wir rechts ein paar Meter auf der Straße talwärts, dann gleich links auf den rot mark. Pfad (Ausschilderung „Baita SAT") steil durch Wald zu einem querführenden breiteren Weg. Auf ihm rechts nahezu eben weiter, bis wir auf den von rechts heraufkommenden Steig stoßen. Nun links in Serpentinen steil hoch zu weiterer Wegverzweigung. Der Weiterweg nach links bringt uns bald auf einem alten Kriegssteig zur kleinen Baita SAT. An ihr vorbei und fünf Minuten weiter auf dem breiten Steig, bis wir auf den von der Bondone-Hochfläche heraufkommenden Fahrweg treffen. Hier scharf rechts (Ausschilderung), etwas hinab und dann nach links queren. Durch Latschengestrüpp und Buschwerk leicht ansteigend auf dem Steig Nr. 626 höher. Das letzte Stück auf breitem Kriegsweg zum Gipfel.
Der Rückweg: Auf dem Gipfelweg zurück bis zur Fahrstraße, dann rechts auf ihr durch Wald hinunter zur Bondone-Hochfläche. Auf der Asphaltstraße hinab Richtung Garniga vecchia zum Ausgangspunkt.
Vorschlag für eine Rundtour: Für diejenigen, die sich etwas Abenteuer wünschen, bietet sich die Möglichkeit, vom Gipfel des il Palon Richtung Norden abzusteigen, dann über einen steilen Pfad hinab in das Val di Gola zu gelangen. Dort trifft man auf den Anstiegsweg, der von Ravina hinauf zur Baita SAT führt. Nur für Trittsichere und Schwindelfreie.

2 Cornetto, 2180 m

Im Naturpark Tre Cime di Bondone

Viote – Costa dei Cavai – Cornetto – (evtl. Dosso d'Abramo)

Talort: Lasino, 468 m; hübscher Ort mit Kirche San Siro auf einer Hochebene oberhalb des Toblinosees; 14 km von Dro. Beeindruckend das Castel Madruzzo an der Straße zum Monte Bondone.
Ausgangspunkt: Das Rifugio Alpino Fratelli Tambosi auf der Hochfläche bzw. der große Parkplatz an der Straßenverzweigung Richtung Garniga (26 km von Trient). Anfahrt von Dro über Lasino und Lagolo etwa 33 km.
Parkmöglichkeiten: Großer Parkplatz beim Rifugio, Parkplatz an der Straßenkreuzung.
Gehzeiten: Anstieg zum Cornetto 2 Std.; Übergang zum Dosso d'Abramo ½ Std., Abstieg 2 Std.; insgesamt: 4½ Std.
Anforderungen: Der Anstieg auf den Cornetto ist einfach, der Übergang zum Dosso d'Abramo jedoch setzt Trittsicherheit voraus (drahtseilgesicherte Stelle).
Höchste Punkte: Cornetto, 2180 m, und Dosso d'Abramo, 2133 m.
Einkehrmöglichkeiten: Unterwegs keine. Auf der Hochebene das Rif. Alpino Fratelli Tambosi (auch Rif. Bondone alle Viote; ganzj. bew., keine Übernachtung, nur Restaurantbetrieb).
Sehenswertes: Naturschutzgebiet Viote mit großem Alpin-Garten auf der Bondone-Hochebene mit zahlreichen seltenen Pflanzen. Phantastischer Gipfelrundblick über das Etschtal, auf die Brenta und die Gardaseeberge.

Blick von Norden: Cima Verde, Dosso d'Abramo und der Cornetto (von links).

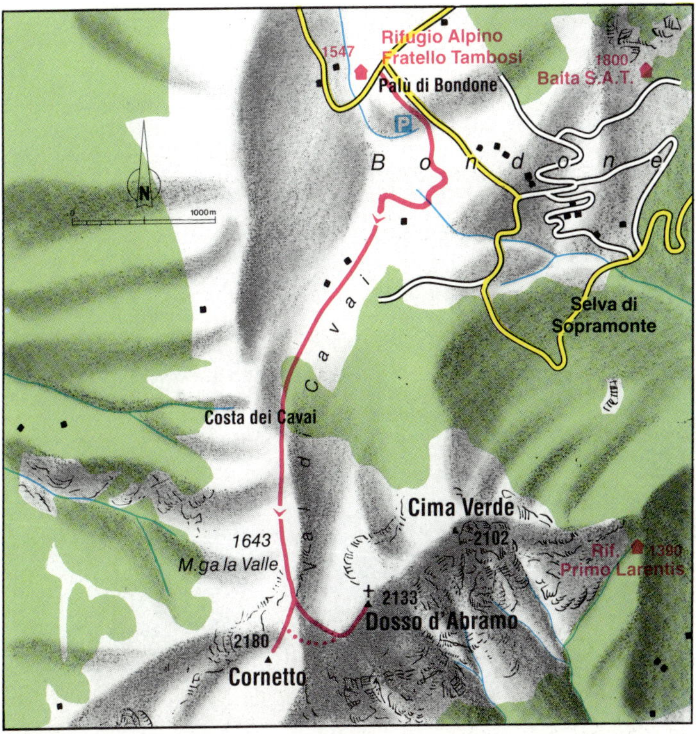

Im Gegensatz zur gegenüberliegenden Cima Palon ist der dreigipflige Aufbau der Bondone-Gipfel nahezu naturbelassen. Neben einem scharfen Klettersteig auf den Dosso d'Abramo gibt es auch einen leichten Wanderweg auf den Cornetto, der sich bestens für einen Familienausflug eignet.

Der Anstieg: Vom Rifugio bzw. von der Straßenverzweigung gehen wir Richtung Garniga, dann nach dem Parkplatz rechts auf Feldweg und 900 Meter bis zu dessen Ende (kleiner Parkplatz, von der Anfahrt ist abzuraten). Hier beginnt die ausgeschilderte Route (Mark.-Nr. 607). Wir steigen nun über den freien Bergrücken an, der sich im Halbbogen zum Cornetto, dem rechten der drei Bondone-Gipfel hochzieht. Über die Costa dei Cavei erreichen wir bald den Felsaufbau des Cornetto. Wir umgehen diesen rechts und gelangen von Süden her auf das Gipfelplateau mit Gipfelkreuz.

Der Abstieg erfolgt auf dem gleichen Weg.

3 Monte Stivo, 2059 m

Müheloser Anstieg auf einen hervorragenden Aussichtsberg

Passo S. Barbara – le Prese – Malga Stivo – Rifugio Prospero Marchetti (Rifugio Stivo) – Monto Stivo (zurück evtl. über die Coste Pozze)

Talort: Chienis, 943 m; kleiner, unscheinbarer Ort im Val Gesta. Auf gut ausgebauter, kurvenreicher Straße von Loppio (an der Verbindungsstraße Mori–Riva) erreichbar, 11,5 km.
Ausgangspunkt: Picknickplatz mit Parkmöglichkeiten oberhalb des Passo S. Barbara. Anfahrt: Von Chienis 2 km auf enger Straße hoch zum Paß; beim Albergo S. Barbara rechts ab (via Castill) und auf asphaltierter Straße in Richtung Monte Stivo; bei der ersten Wegverzweigung links, dann 1 km weiter bis zum Rastplatz.
Parkmöglichkeiten: Am Ausgangspunkt bzw. auf der Paßhöhe.
Gehzeiten: Parkplatz–Rif. P. Marchetti 2½ Std., von dort zum Monte Stivo ¼ Std., Abstieg 1¾ Std.; insgesamt: 4½ Std.
Anforderungen: Wirtschaftswege und Bergpfade ohne jede Schwierigkeiten. Auch für Nicht-Schwindelfreie. Stark der Sonne ausgesetzt. Die Abstiegsvariante ist jedoch nur für Trittsichere.
Höchster Punkt: Monte Stivo, 2059 m.
Einkehrmöglichkeiten: Albergo S. Barbara, Rif. P. Marchetti (bew. ab ca. 10. Mai bis Mitte Oktober, zu Beginn und Ende der Saison nur an Wochenenden).
Sehenswertes: Blick auf den Gardasee, das Etschtal und die Adamellogruppe.

Das Rifugio Prospero Marchetti auf dem Gipfel des Monte Stivo.

Der Anstieg: Vom Parkplatz folgen wir der asphaltierten Straße in nordöstlicher Richtung (Mark.-Nr. 608, rot-weiß). Nach wenigen Minuten Wegverzweigung: Am Steinhaus rechts vorbei, dann nordwärts bis zum Ende

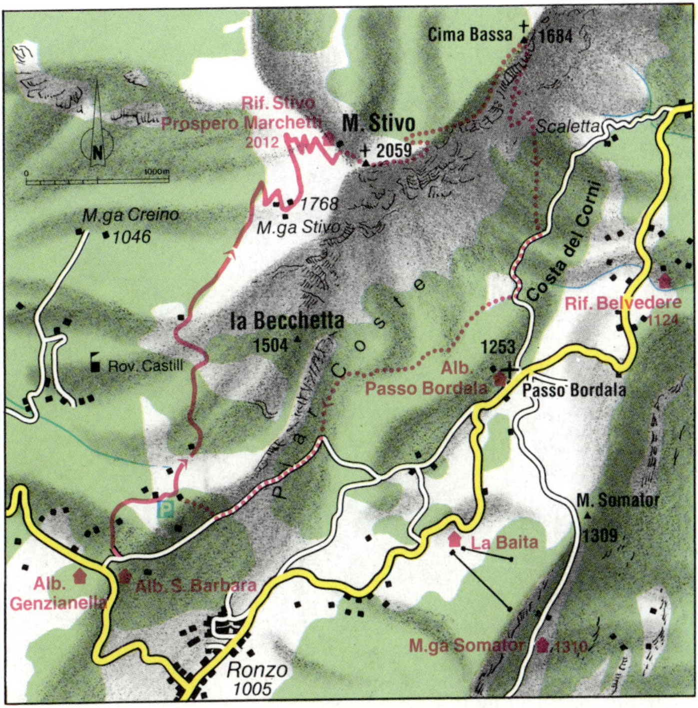

der öffentlichen Fahrstraße. Die Straße steigt nun allmählich an und windet sich durch Wald höher, bis wir auf einer „Etage" weiter oben wieder über einen freien Blick verfügen. Nach etwa einer halben Stunde Gehzeit endet die asphaltierte Privatstraße und mündet in einen steinigen Wirtschaftsweg, der bald darauf von einer Schranke versperrt wird. Nun steil durch Wald und über die Almwiesen „le Prese" weiter durch die Südflanke des Berges. Nach weiteren eineinhalb Stunden Gehzeit erreichen wir die frei gelegene Malga Stivo, 1768 m. Hier endet der Wirtschaftsweg. Wir gehen zwischen den Almgebäuden hindurch, dann links weiter auf markiertem Bergpfad, und queren in mäßiger Steigung den Hang, bis die Serpentinen in Richtung Hütte beginnen. Nach einer weiteren halben Stunde ab der Alm erreichen wir die bereits von weitem sichtbare Hütte. Zum Gipfel benötigen wir nurmehr 10 weitere Minuten.

Der Abstieg erfolgt auf dem gleichen Weg (oder über die Coste Pozze).

4 Monte Biaena, 1615 m

Abgelegener Vorposten über dem Etschtal

Nomesino – Monte Biaena – Malga Somator – Nomesino

Talort: Rovereto, 204 m; Verkehrsknotenpunkt im Etschtal bzw. Mori, 204 m, am Eingang des Loppiotals.
Ausgangspunkt: Nomesino,787 m; an Felsen geschmiegter kleiner Ort oberhalb Mori. Zufahrt von Rovereto bzw. von Mori über Loppio.
Parkmöglichkeiten: In Nomesino im Ort; Parkplatz an der Malga Somator.
Gehzeiten: Nomesino–Monte Biaena 2 Std., Abstieg und Rückkehr über die Malga Somator 2½ Std.; insgesamt: 4½ Std.
Anforderungen: Asphaltstraße zu Beginn, der Anstieg auf den Gipfel ist etwas steil, aber einfach. Der Abstieg über den Bergrücken zur Malga Somator erfolgt auf Steig und erfordert Trittsicherheit.

Höchster Punkt: Monte Biaena, 1615 m.
Einkehrmöglichkeiten: Malga Somator, 1310 m (im Sommer bew.).
Sehenswertes: Tiefblick auf das Etschtal und auf den Gardasee.

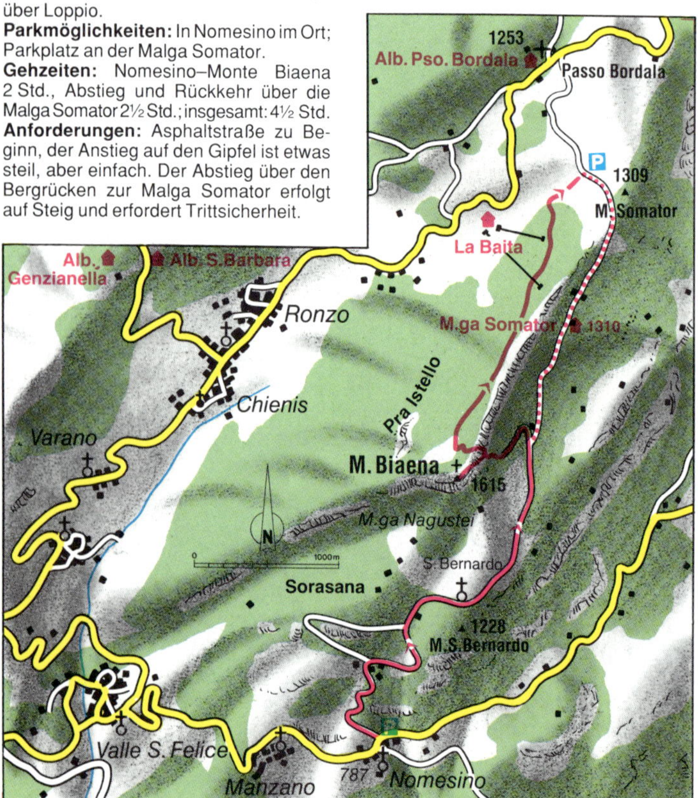

Der kleine Ort Pannone im Val di Gresta; im Hintergrund der Monte Biaena.

Die Route: Von Nomesino auf der Fahrstraße zuerst 500 Meter Richtung Lenzima, dann links auf die steile Asphaltstraße zur Malga Somator. Nach etwa einer Stunde erreichen wir die Hochfläche Veano. Beim ersten Haus direkt an der Straße gehen wir links durch Wald auf Ziehweg hoch und stoßen dann bald auf einen gut angelegten Steig. Nun durch die schrofige Ostflanke hinauf zum Gipfelplateau, wo uns neben dem Gipfelkreuz auch Kriegsunterstände und rechts unterhalb die Capanna Monte Biaena erwartet. Für den Abstieg nehmen wir den Steig, der bei der Schutzhütte beginnt und unterhalb der Kammlinie Richtung Norden führt. In leichtem Gefälle durch Wald hinab, bis wir auf einen Fahrweg stoßen. Auf ihm hinaus zu den Almwiesen, dann rechts zur asphaltierten Straße, vorbei an der Malga Somator, und zurück zum Ausgangspunkt.

5 Monte Creino, 1292 m

Einfache Wanderung durch eine kunstvolle Bauernlandschaft

Pannone (evtl. Nago) – San Rocco – Albergo S. Barbara – Monte Creino – Gofel – Varano – Pannone

Talorte: Mori, 204 m, kleine Stadt am Eingang des Loppiotals bzw. Nago, 229 m.
Ausgangspunkt: Pannone, ca. 780 m; kleiner Ort im Val di Gesta. Anfahrt über Mori oder Nago, Abzweigung ins Val di Gresta in Loppio, von dort 9 km auf kurvenreicher Strecke ins Hochtal.
Parkmöglichkeiten: Im Ort.
Gehzeiten: Pannone–San Rocco–Monte Creino 2½ Std., Abstieg nach Pannone 1½ Std.; insgesamt: 4 Std.
Anforderungen: Anstieg über Wirtschaftswege, Abstieg über gut angelegte Steig- und Forstwege. Als „Sentiero della pace" ausgeschildert.
Höchster Punkt: Monte Creino, 1292 m.
Einkehrmöglichkeiten: Albergo S. Barbara auf der Paßhöhe sowie Bar und Pizzeria in Pannone.
Sehenswertes: Kunstvoll angelegte Terrassenäcker, restaurierte Verteidigungsanlagen aus dem 1. Weltkrieg.

Die Rundtour: Von Pannone gehen wir 500 Meter auf der Straße nach Ronzo-Chienis, dann links weg auf schmaler Asphaltstraße auf die Hochfläche des Campedello mit seinen Terrassenäckern und der kleinen Kapelle San Rocco. Kurz dahinter verzweigt sich der Weg. Wir gehen rechts (Aus-

Blick nach Westen über die intensiv kultivierte Hochfläche von Creino.

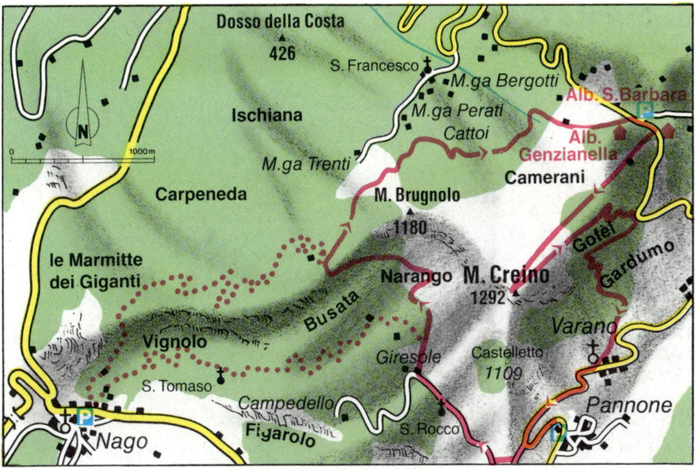

schilderung Monte Brugnolo), dann nach 10 Min. dort wieder rechts, wo die Straße in einen unbefestigten Fahrweg mündet. Nach 100 Metern erneut rechts (Forststraße), und in weitem Linksbogen an die Felsen des Monte Brugnolo heran. Nun etwas steiler ansteigend durch Wald auf die Westseite des Berges. Einige Minuten eben weiter bis zu Verzweigung, wo wir der Ausschilderung „Ronzo-Chienis“ folgen. Der Weg wendet sich dann in Richtung Norden, wo wir die ersten Wiesen erreichen. Bei den folgenden Verzweigungen gehen wir immer rechts. Zuletzt leiten uns einige Pfeile hinauf zur Hauptstraße und zum Albergo S. Barbara. Gegenüber dem Albergo beginnt ein asphaltierter landwirtschaftlicher Fahrweg, der uns direkt auf den höchsten Punkt des Monte Creino führt. Zuerst durch Äcker, dann nach der großen Kehre links weg auf unbefestigten Fahrweg. Durch Wald hinauf bis zum steilen Abbruch des Gipfels. Am linken Rand befinden sich zahlreiche Schützengräben und Unterstände. Für den Abstieg durchschreiten wir diese nun Richtung Norden. Am anderen Ende führt dann ein Steig durch Wald hinunter zur Fahrstraße nach Ronzo. Dort rechts auf dem Forstweg durch Wald bis zu einer großen Lichtung, dann links hinab auf Ziehweg, der sich zuletzt zu einer Fahrstraße verbreitert. Wir bleiben immer auf dem abwärts führenden Weg und gelangen zuletzt über Feldwege hinein nach Varano. Auf der Fahrstraße zurück nach Pannone.

Variante: Von Nago bieten sich ab dem Parkplatz auf der Nordseite der Straße zwei Zustiegsmöglichkeiten: Über S. Tommaso bzw. über den Steig Nr. 637 (nicht ausgeschildert).

6 Monte Altissimo di Nago, 2079 m

Zweitausend Meter über dem Gardasee

Nago – Malga Zures – Malga Casina – Prati di Nago – Rif. Damiano Chiesa – Monte Altissimo di Nago

Talort: Nago, 229 m; kleiner Ort mit malerischen Winkeln an der Verbindungsstraße aus dem Etschtal zum Gardasee mit Kirche, Alberghi und Restaurants.
Ausgangspunkt: Entweder direkt in Nago, wobei man den Ausschilderungen „Sentiero della pace“ bzw. „Monte Altissimo“ folgt, oder von den Prati di Nago. Der Weg führt dabei zuerst 1 km durch Weingärten bis zu einem großen Feldmarterl (San Giuseppe), dann links ab auf Feldweg. Dieser Weg quert dabei einige Male den asphaltierten Fahrweg, der bis zu einer Höhe von ca. 1700 m für den allgemeinen Verkehr freigegeben ist.
Parkmöglichkeiten: Parkplatz in Nago bzw. am Ende der Fahrstraße am oberen Ende der Prati di Nago.

Gehzeiten: Nago–Monte Altissimo 5–6 Std.; von den Prati di Nago 1½–2 Std.; Abstieg bis Nago 4 Std.; insgesamt: etwa 9 Std.; bei Anfahrt mit Auto 3 Std.
Anforderungen: Leicht begehbare Steige bzw. Fahrwege. Im unteren wie im oberen Wegabschnitt der Sonne ausgesetzt.
Höchster Punkt: Monte Altissimo di Nago, 2079 m.
Einkehrmöglichkeiten: Unterwegs keine. Knapp unterhalb des Gipfels steht das Rif. Damiano Chiesa, 2050 m (durchgehend geöffnet von Mitte Juni bis ca. 20. September, danach nurmehr an Wochenenden bis Mitte Oktober, 38 Lager).
Sehenswertes: Gipfelpanorama; Gedenkstätte für die Opfer des Weltkrieges.

Im oberen Teil des Anstiegs von Nago auf den Monte Altissimo.

Der Monte Altissimo di Nago macht von allen Seiten eine gute Figur. Obwohl sein Gipfel zweitausend Meter über dem Gardasee liegt, kann der Anstieg an einem Tag bewältigt werden, vorausgesetzt, man benutzt sein Auto, um an einen der hochgelegenen Ausgangspunkte zu gelangen. Nur ganz sportliche Bergwanderer beginnen ihre Tour in Nago.

Der Anstieg: Nach der steilen Auffahrt von Nago über 14 km Länge auf asphaltierter Straße durch eine von Felstrümmern übersäte Landschaft, durch Wald und vorbei an Almwiesen, beginnt unser Wanderweg an einer Schranke am Ende der öffentlichen Straße. Ein Wegweiser (Mark.-Nr. 632, rot) gibt uns die Richtung zum Rifugio D. Chiesa vor. Wir gehen links auf dem breiten Steig hoch, überqueren ein paarmal den nun für den Fahrverkehr gesperrten Wirtschaftsweg und gelangen so auf einen bewaldeten Hang. Wir umgehen den Monte Varagna im Halbbogen nach links und erreichen bald die Schulter östlich von seinem Gipfel. Nun weiter – immer mit Blick auf den Monte Altissimo – am rechten Rand der Almwiesen und auf der Ostseite des Monte di Nago höher zum Fuß des Gipfelaufbaues, wobei wir an zahlreichen Ammonitenbänken vorbeiwandern. Dann in steilen Serpentinen über den unbewachsenen Gipfelhang hinauf zum Rifugio und zum Gipfel rechts oberhalb.

Der Abstieg erfolgt auf dem gleichen Weg.

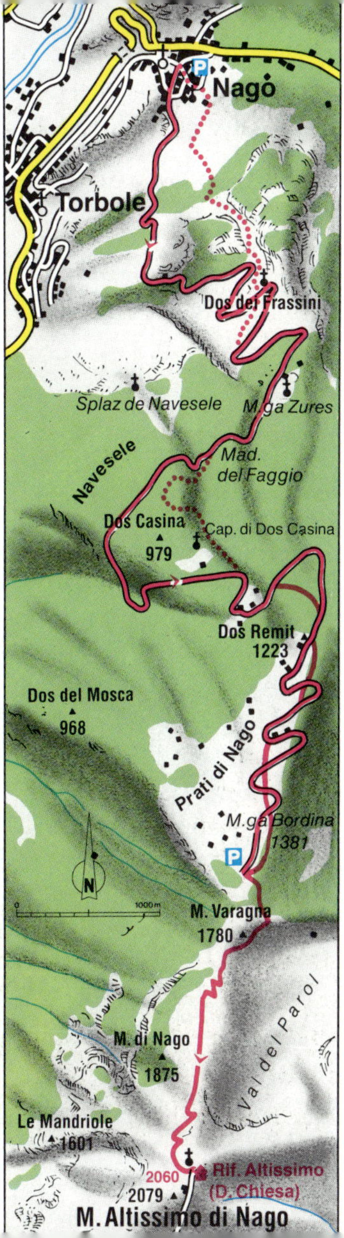

7 San Giacomo – Rif. Damiano Chiesa

Botanischer Garten und Kriegsweg

San Giacomo – Malga Campo – Monticello – Rif. Damiano Chiesa – Rif. Graziani/Passo Canaletta (– Corna Piana) – San Giacomo

Talort: Mori, 204 m; moderner Ort mit letzten Resten eines historischen Ortsbildes am Eingang zum Loppiotal an der Ausfahrt der Autobahn Rovereto Sud. Alberghi, Restaurants, Tankstellen und Banken.
Ausgangspunkt: S. Giacomo, 1194 m; kleine Feriensiedlung mit Hotel und Ferienwohnungen an der Monte-Baldo-Höhenstraße. Kapelle. Anfahrt von Mori über Brentonico, 21,5 km, auf der Monte-Baldo-Höhenstraße.
Parkmöglichkeiten: Parkplatz im Ort.
Gehzeiten: San Giacomo–Rif. Damiano Chiesa 2½ Std., Abstieg über den Passo Canaletta 2 Std., Abstecher zum „Orto botanico“ ½ Std.; insgesamt: etwa 5 Std.
Anforderungen: Fahrstraßen, Bergsteige und breite Kriegswege sowie Karrenwege. Problemlose Wanderung, jedoch etwas der Sonne ausgesetzt.
Höchster Punkt: Monte Altissimo di Nago, 2079 m.
Einkehrmöglichkeiten: Hotel/Restaurant in San Giacomo, Rif. Damiano Chiesa (siehe Tour 6) sowie Rif. Graziani (von Mai bis Ende Oktober bew.).
Sehenswertes: Rundblick vom Monte Altissimo sowie der natürliche „Botanische Garten“ auf der Corna Piana.

Das Rifugio Damiano Chiesa auf dem Gipfelplateau des Monte Altissimo.

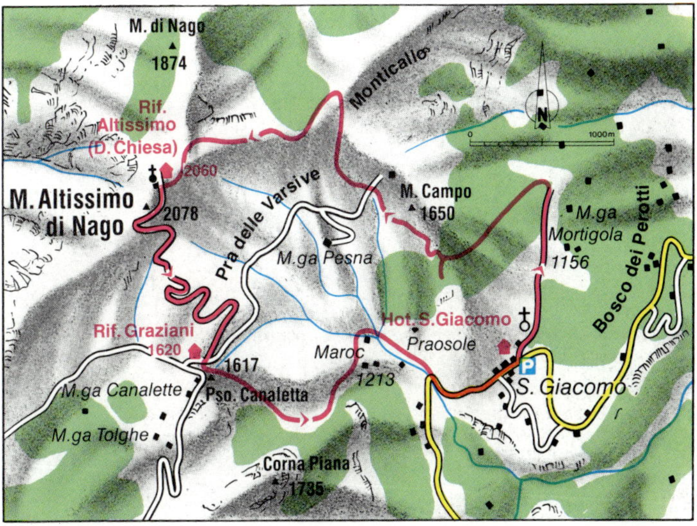

Der historische Anstiegsweg auf den Monte Altissimo di Nago hatte seinen Ausgangspunkt in Brentonico. Heute verkürzt die Monte-Baldo-Höhenstraße diesen Weg und wir müssen unsere Wanderstiefel erst in San Giacomo auf knapp 1200 Meter Höhe schnüren.

Der Anstieg: Vom Albergo San Giacomo gehen wir zuerst ziemlich eben durch Wiesen- und Waldlandschaft auf breitem Fahrweg Richtung Norden (Mark.-Nr. 622, rot), bis nach 20 Min. links ein Waldweg abzweigt. Nunmehr leicht ansteigend Richtung Südwesten durch Wald, links am Monte Campo vorbei, auf die Almwiesen der Malga Campo. Dann weiter in nordwestlicher Richtung über die freien Almwiesen sanft ansteigend höher auf den Bergrücken Monticello. Auf ihm wenden wir uns wieder Richtung Südwesten, den Gipfelaufbau des Monte Altissimo direkt vor Augen, und steigen ohne Mühe auf dem Nordostkamm hinauf zum Rif. Damiano Chiesa.

Der Abstieg: Vom Rifugio Richtung Süden auf dem breiten Kriegsweg bis an den Rand der Gipfelhochfläche, dann in weiten Kehren über die freien Grashänge hinunter zum Passo Canaletta, 1617 m, mit dem Rif. Graziani knapp oberhalb. Hier berühren wir die Monte-Baldo-Höhenstraße. Wir gehen jedoch links hinunter auf altem Saumpfad (Mark.-Nr. 633, rot) durch den Graben links von der Corna Piana, bis wir auf ein Haus am Ende einer Sackstraße treffen. Von dort sind es noch 500 Meter bis zur Höhenstraße. Links auf dieser zurück nach San Giacomo.

8 Lago di Pra della Stua, 1041 m

Modernes Wehr und kaiserlich-königliche Grenzmarkierungen

Pra della Stua – Bocca di Navene bzw. Bocca delle Scalette – Malga Tredes Pini und zurück

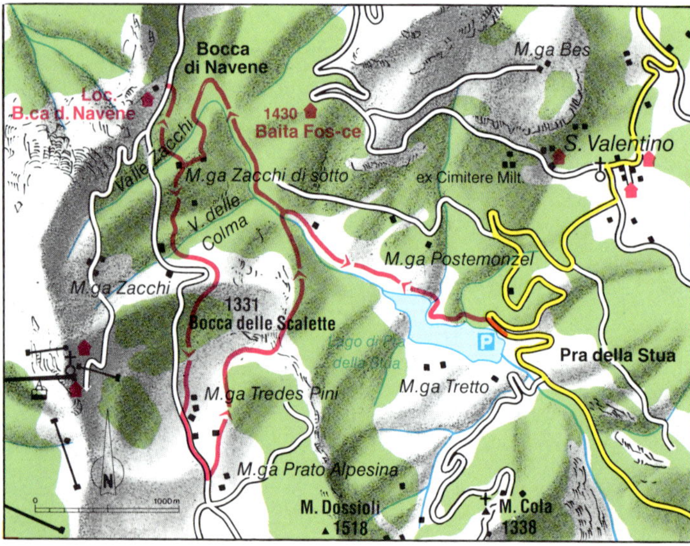

Talort: Avio, 131 m; reizvoller historischer Ort im Etschtal mit dem Castello d'Avio und sehenswerten Häusern aus der venezianischen Zeit.
Ausgangspunkt: Staumauer am östlichen Punkt des Sees. Anfahrt über gut befahrbare, aber steile und kurvenreiche Gebirgsstraße aus dem Etschtal, 10 km.
Parkmöglichkeiten: Parken entlang der Zufahrtsstraße zur Staumauer (nur beschränkt) bzw. kleiner Parkplatz am Fuß der Staumauer.
Gehzeiten: Parkplatz–Bocca di Navene 1½ Std., Rückkehr über die Bocca delle Scalette und die Fahrstraße 2½ Std.; insgesamt: 4 Std.
Anforderungen: Zuerst schmaler Fahrweg, dann Steig bzw. Wanderweg; die Rückkehr über die Bocca delle Scalette erfolgt zu Beginn auf Bergsteig, dann auf Fahrstraße. Einige felsige Stufen. Gutes Schuhwerk erforderlich. Wer nur am See entlang wandern will (Picknickmeile), kann dies auch ohne spezielle Ausrüstung oder Vorbereitung tun.
Höchster Punkt: Bocca di Navene, 1425 m.
Einkehrmöglichkeiten: Loc. Bocca di Navene (nur Restaurant).
Sehenswertes: Blick von der Bocca di Navene auf den Gardasee. Die Grenzsteine aus der Zeit Maria Theresias aus dem Jahre 1754, die die Grenze zwischen Italien und dem Kaiserreich markierten.

Trotz seines künstlichen Charakters ist der Lago di Pra della Stua eine angenehm grüne Oase mit Picknickplätzen und smaragdgrünem Wasser auf der Ostseite des Monte-Baldo-Kammes. Auf unserer Wanderung haben wir sogar Gelegenheit kleine Überreste der K. u. k.-Monarchie zu entdecken.
Die Route: Vom Parkplatz auf der Westseite der Staumauer gehen wir die Fahrstraße hoch, bis links eine unbefestigte und für den öffentlichen Verkehr gesperrte Straße abzweigt (Ausschilderung: Bocca Navene, Mark.-Nr. 653, rot). Nun etwas oberhalb des Sees durch schattigen Wald nahezu eben weiter. Nach 15 Minuten Gehzeit treffen wir dann auf reizvolle Picknickplätze, die besonders von italienischen Familien gerne frequentiert werden. Am Ende des Sees noch etwa 30 Minuten dem in den See mündenden Bach entlang aufwärts zu einem Lagerplatz. (Hier zweigt im spitzen Winkel ein Steig nach links ab, der uns nach 150 Metern zu drei Grenzsteinen aus den Tagen Maria Theresias aus dem Jahre 1754 führt.) Um zur Bocca di Navene zu gelangen, folgen wir jedoch weiter dem Weg in nordwestlicher Richtung, stets den Bach entlang, am Talschluß leicht ansteigend durch Wald. Zuletzt vorbei an der Malga Zacchi di sotto, dann rechts hinauf zur Bocca di Navene, wo uns eine Einkehrmöglichkeit erwartet.
Für die Rückkehr bieten sich mehrere Möglichkeiten: Entweder wir gehen auf dem Anstiegsweg zurück bis zum Parkplatz, oder wir nehmen den Steig entlang der alten Grenzsteine und gehen über die Bocca delle Scalette hinauf zur Malga Tredes Pini. Von dort kehren wir auf der Straße zurück an den Fuß der Staumauer und damit zum Ausgangspunkt.

Der Stausee Lago di Pra della Stua auf der Ostseite des Monte-Baldo-Massivs.

9 Bocca di Navene, 1425 m

Blick auf die andere Seite

Navene – Valle dell'Acqua – Val Nogarola – Bocca di Navene

Talort: Navene, 68 m; kleiner Ort 10 km südlich von Torbole.
Ausgangspunkt: Ortsmitte bzw. das obere Ortsende von Navene. Zuerst auf der Straße in Richtung Malcesine, dann nach etwa 300 Metern scharf links die asphaltierte Zufahrtsstraße hoch bis zu ihrem Scheitelpunkt. Dort beginnt der Weg.
Parkmöglichkeiten: Parkplatz im Ort entlang der Straße sowie beschränkte Parkmöglichkeit am Ausgangspunkt.
Gehzeiten: Anstieg zur Bocca di Navene 3½ Std., Abstieg 2½ Std.; insgesamt: 6 Std. Evtl. Übergang zur Bergstation der Monte-Baldo-Seilbahn auf Tratto Spino, 1 Std.
Anforderungen: Der Anstieg zur Bocca di Navene erfolgt auf steilem Bergsteig, der Übergang zur Bergstation der Seilbahn auf breitem Wirtschaftsweg.
Höchste Punkte: Bocca di Navene, 1425 m, bzw. Tratto Spino, 1725 m.
Einkehrmöglichkeiten: Loc. Bocca di Navene in der gleichnamigen Scharte, evtl. Capanna La Yadira und Baita dei Forti bei der Bergstation der Seilbahn.
Sehenswertes: Blick auf den Gardasee.

Die Bocca di Navene ist mit ihren 1425 Meter Höhe der tiefste Einschnitt im gesamten Monte-Baldo-Kamm. Schon seit „ewigen" Zeiten wurde er von den Gardaseebewohnern als Übergang vom See zur Hochfläche von Brentonico und umgekehrt benutzt. Die jahrhundertelange Grenze zwischen den italienischen Herrschaftsbereichen und dem österreichisch-ungarischen Kaiserreich verlief nur wenig nördlich von Navene.

Der Kamm des Monte Baldo mit dem tiefen Einschnitt der Bocca di Navene.

Der Anstieg: Von der Ortsmitte bzw. von der Parkmöglichkeit am oberen Ortsende (bei den neuen Häusern) folgen wir in östlicher Richtung dem anfänglich breiten Forstweg, der uns bald in den dichten Wald hineinführt und sich dann in weiten Kehren den Berghang hochzieht, bis wir auf den von Torbole querenden Weg stoßen. Weiter ostwärts auf dem anschließenden Saumweg (Mark.-Nr. 634, rot). Unsere Route folgt dabei einem baumbewachsenen Kamm zwischen dem Valle dell'Acqua und dem Valle Nogarola. Nach etwa zwei Stunden überqueren wir das Valle dell' Acqua und folgen dann bei einer Wegverzweigung dem linken Abzweiger. Nun in zahlreichen Serpentinen durch dichten Wald weiter bergan. Bei der nächsten Wegverzweigung gehen wir rechts und in einer weiteren Serie von steil angelegten Serpentinen erreichen wir dann die Locanda Bocca di Navene.
Die Rückkehr erfolgt auf dem Anstiegsweg. Oder wir folgen der Monte-Baldo-Höhenstraße ein kurzes Stück Richtung Süden, und gehen dann rechts den Fahrweg zur Bergstation der Monte-Baldo-Seilbahn hoch. Mit ihr hinab nach Malcesine und von dort mit dem Bus zurück nach Navene.

10 Tratto Spino – Monte Altissimo di Nago

Leichte Höhenwanderung auf dem Monte Baldo

Tratto Spino – Bocca di Navene – Monte Altissimo di Nago und zurück

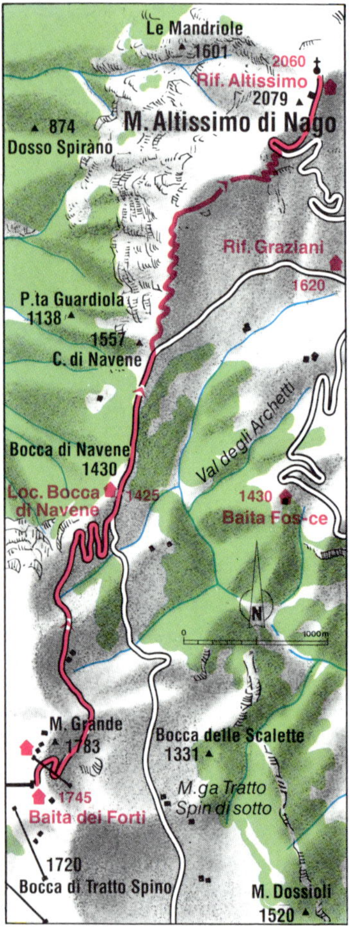

Talort: Malcesine, 103 m; sehenswertes Städtchen auf der Ostseite des Gardasees mit berühmter Skaligerburg und malerischem Hafen; Touristenzentrum mit zahlreichen Hotels und Restaurants.
Ausgangspunkt: Talstation der Monte-Baldo-Seilbahn am Nordostende von Malcesine. Anfahrt von der Gardesana orientale, 200 Meter.
Parkmöglichkeiten: Gebührenpflichtiger Parkplatz an der Talstation sowie im Ortszentrum selbst.
Gehzeiten: Tratto Spino–Monte Altissimo di Nago 2½ Std., Rückweg 2 Std.; insgesamt: 4½ Std.
Anforderungen: Leichte Wanderung auf breitem Wirtschaftsweg bis zur Bocca di Navene, dann ein kurzes Stück auf der Fahrstraße; der Anstieg auf den Gipfel erfolgt zuerst auf Bergsteig, zuletzt auf altem Kriegsweg.
Höchster Punkt: Monte Altissimo di Nago, 2079 m.
Einkehrmöglichkeiten: Capanna La Yadira und Baita dei Forti bei der Bergstation der Seilbahn, Loc. Bocca di Navene, Rif. Damiano Chiesa, 2050 m (durchgehend geöffnet von Mitte Juni bis ca. 20. September, danach nurmehr an Wochenenden bis etwa Mitte Oktober, 36 Lager).
Sehenswertes: Einzigartige Rundsicht vom Gipfel. Gedenkstätte und Reste der militärische Auseinandersetzungen aus dem Ersten Weltkrieg.

Für den Wanderer, der sich auf einfachen Wegen einen Teil des Monte Baldo erschließen will, bietet sich statt der anspruchsvollen Kammwanderung nach Süden, die einfache Route über die Bocca di Navene auf den aussichtsreichen Monte Altissimo di Nago an. Der Weg dort-

Die von alten Kriegswegen durchschnittene Südostflanke des Monte Altissimo.

hin ist breit und an keiner Stelle ausgesetzt. Zudem erwartet uns ein bewirtschaftetes Unterkunftshaus auf dem flachen Gipfel. Die Panorama-Schau auf den tief unten liegenden Gardasee und die umliegenden Berge ist überwältigend.

Die Route: Von der Bergstation der Seilbahn auf Tratto Spino gehen wir sogleich links auf den breiten, unbefestigten Fahrweg in Richtung des bereits sichtbaren, grasbewachsenen Gipfelaufbaus des Monte Altissimo. Unsere Route führt uns dabei zuerst ein Stück leicht geradeaus abwärts, dann in weiten Serpentinen, falls wir nicht den Abkürzer nehmen wollen, bis wir auf die Monte-Baldo-Höhenstraße. Links auf ihr in wenigen Minuten zur Bocca di Navene. Nun eben auf der Fahrstraße 800 Meter weiter in gleicher Richtung, bis Markierungen links hoch zum Gipfel weisen (Mark.-Nr. 651, rot). Durch nahezu freies Gelände in Kehren hinauf, bis nahe an die Gratkante, dann unterhalb der Felsabbrüche in Serpentinen über den freien Südhang weiter. Der Weg biegt nun rechts ab und wir queren nun weniger steil den Südhang Richtung Nordosten, wo unser Steig in einen alten Kriegsweg übergeht. Eine Viertelstunde später treffen wir auf den breiten Fahrweg, der vom Rifugio Graziani hochkommt. Auf diesem links weiter zum Rif. Damiano Chiesa und dort links hoch zur flachen Gipfelkuppe.

Die Rückkehr erfolgt auf dem Anstiegsweg. Eine Variante bietet der breite Kriegsweg hinab zum Rif. Graziani, siehe Tour 7.

11 Tratto Spino – Cima Valdritta, 2218 m

Anspruchsvolle Kammwanderung in der Felsregion des Monte Baldo

Tratto Spino – Cima Valdritta – Bocca Dritta – Seilbahn-Mittelstation

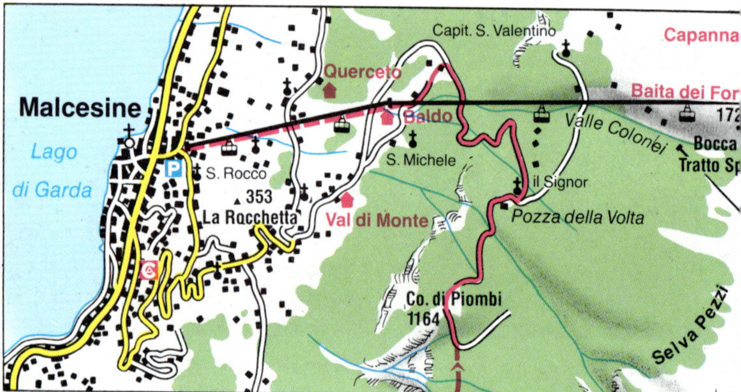

Talort: Malcesine, 103 m; sehenswertes Städtchen auf der Ostseite des Gardasees mit berühmter Skaligerburg und malerischem Hafen; Touristenzentrum.
Ausgangspunkt: Talstation der Monte-Baldo-Seilbahn am Nordostende von Malcesine.
Parkmöglichkeiten: Gebührenpflichtiger Parkplatz an der Talstation.
Gehzeiten: Tratto Spino–Cima Valdritta 4 Std., Cima Valdritta–Mittelstation der Seilbahn 3 Std.; insgesamt: 7 Std.; bei Abstieg nach Malcesine 8 Std.
Anforderungen: Hochalpiner Steig, Trittsicherheit erforderlich; bei guter Witterung objektiv nicht gefährlich, jedoch Gefahr von Wetterstürzen. Gutes Schuhwerk und entsprechende Ausrüstung mitnehmen (Anorak etc.).
Höchster Punkt: Cima Valdritta, 2218 m.
Einkehrmöglichkeiten: Capanna La Yadira und Baita dei Forti bei der Bergstation, Loc. Monte Baldo bei der Mittelstation.
Sehenswertes: Hochalpine Szenerie sowie phantastische Tiefblicke.

Der Übergang von Tratto Spino zur Cima Valdritta hat Hochgebirgscharakter.

Die Route: Von der Bergstation folgen wir der Kammlinie Richtung Süden (Weg-Nr. 651, rot) zuerst durch Blumenwiesen, dann auf Bergsteig bis zur Cima del Logino (für viele Seilbahnbenutzer der äußerste Gipfel), dann eine Viertelstunde abwärts in eine Scharte. Weiter dann durch die Ostflanke der Cima Valdritta, wobei wir den Gipfel zuerst links umgehen. Auf felsigem Steig dann rechts in einer Viertelstunde hinauf auf den höchsten Punkt des Monte Baldo (Gipfelkreuz). Nun wieder zurück in die Bocca auf der Südseite und rechts hinab in das riesige Kar Valdritta (Mark.-Nr. 5, rot), wobei wir uns auf der rechten Seite halten. Am Karende leichter Gegenanstieg (herrliche Tiefblicke), dann durch Latschengebüsch Richtung Norden und in leichtem Abstieg weiter talwärts, bis uns ein schattiger Buchenwald aufnimmt. Nach einigen steilen Passagen geht es gemächlich auf einer langen, ebenen Querung zur Forsthütte bei Piombi, 1158 m. Ab hier lassen wir den schmalen Bergsteig hinter uns und wandern auf dem nun breiten Forstweg durch dichten Nadelwald Richtung Mittelstation der Seilbahn, wobei wir uns bei Abzweigungen immer links halten. Auf der Forststraße nun eine Viertelstunde bis zur Wegverzweigung bei der überdachten Andachtsstätte (Kreuz) il Signor, 981 m. Nach einer Stunde Gehzeit ab Piombi zweigt der Weg zur Seilbahn (Funivia) links ab; dann ist es nur noch eine Viertelstunde bis zur Mittelstation. Von dort mit der Seilbahn oder auf breitem Wanderweg hinab nach Malcesine.

12 Rif. Novezzina – Cima Valdritta, 2218 m

Von Osten auf den höchsten Punkt des Monte Baldo

Rif. Novezzina – Vallone Osanna – Rif. Telegrafo – Punta Pettorina – Cima Valdritta – Rif. Novezza – Rif. Novezzina

Talort: Ferrara di Monte Baldo, 849 m; kleiner Ort an der Monte-Baldo-Höhenstraße mit Albergo und Restaurants.
Ausgangspunkt: Rifugio Novezzina, 1255 m; etwa 3 km nördlich von Ferrara di Monte Baldo neben der Fahrstraße.
Parkmöglichkeiten: Parkplatz beim Rif.
Gehzeiten: Rif. Novezzina–Rif. Telegrafo 2½ Std., Weiterweg zur Cima Valdritta 2 Std., Abstieg 3 Std.; insgesamt: 7½ Std.
Anforderungen: Der Anstieg zum Rif. Telegrafo erfolgt auf steilem, aber gut begehbarem Bergsteig, der Übergang zur Cima Valdritta auf breitem Höhenweg. Der Abstieg erfordert zu Beginn etwas Trittsicherheit, ist aber nicht schwierig.
Höchster Punkt: Cima Valdritta, 2218 m.
Einkehrmöglichkeiten: Rif. Novezzina, 1255 m, und Rif. Novezza (jew. im Sommer bew.); Rif. Telegrafo, 2147 m (auch: Rif. G. Barana; von Juni bis Ende September bew., Übernachtung, 35 Lager).
Sehenswertes: Tiefblicke vom Gipfelkamm des Monte Baldo.

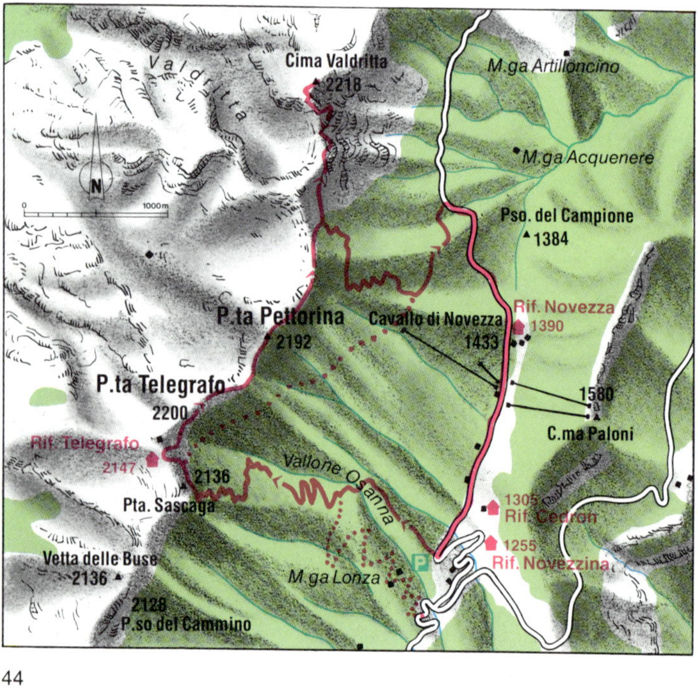

Die Ostseite des Monte Baldo bei Ferrara di Monte Baldo.

Der Anstieg: Vom Rifugio gehen wir auf der Straße Richtung Mori 200 Meter bis zur scharfen Rechtskurve. Dort beginnt links der schwach ausgeprägte Pfad (Mark.-Nr. 657, rot), der uns auf der Nordseite des Vallone Ossana bergwärts führt. Auf einer Höhe von etwa 1500 Metern überqueren wir dieses meist trockene Bachbett und steigen dann auf der anderen Seite durch Buschwerk den steilen Berghang hinauf, bis sich unser Pfad bald mit dem von der Malga Lonza kommenden Weg vereinigt. Nun in zahlreichen Serpentinen durch Latschen und über Geröll höher, bis wir nach gut zwei Stunden knapp unterhalb der Kammhöhe auf den querführenden, ehemaligen Militärweg treffen. Auf diesem ein kurzes Stück rechts weiter zu einer Wegverzweigung. Ein Schild weist uns dort zum Rifugio Telegrafo, dem wir nun gerne einen Besuch abstatten, da es nur knapp unterhalb der Kammlinie auf der Gardaseeseite liegt. Für den Weiterweg verfolgen wir den Militärweg weiter Richtung Norden (Mark.-Nr. 651, rot), vorbei an der Punta Pettorina, bis zur Bocca Valdritta. Kurz dahinter führt ein felsiger Steig in wenigen Minuten hinauf zum höchsten Gipfel des Monte Baldo.
Der Abstieg: Vom Gipfel gehen wir wieder zurück auf den Militärweg und folgen dem Anstiegsweg ein Stück Richtung Süden, bis nach etwa einer halben Stunde links ein steiler Pfad (Mark.-Nr. 66, rot) abzweigt. Nun auf steilen Serpentinen durch Latschen hinab, bis wir nach einer halben Stunde auf einen querführenden Steig (Mark.-Nr. 652, rot, direkter Abstieg vom Rifugio Telegrafo) treffen. Linkshaltend weiter bergab, das letzte Stück nahezu eben durch Laubwald, dann hinunter zur asphaltierten Höhenstraße. Auf ihr, vorbei am Rif. Novezza, zurück zum Ausgangspunkt.

13 Assenza – Rif. Telegrafo, 2147 m

Zweitausend Meter Anstieg vom See in die Gipfelregion

Assenza/Cassone – Sommavilla – Cà Roccolo – Carpenare – Malga Zovel – Valle delle Nogare – Rif. Telegrafo

Talort: Cassone, 85 m; kleiner Fischerort 4 km südlich von Malcesine an der Gardesana orientale mit Pfarrkirche und einigen Alberghi sowie Restaurants.
Ausgangspunkt: Ortszentrum von Cassone, bei der Kirche (Verbindungsweg Nr. 31 nach Sommavilla) bzw. Piazza S. Nicolo im Ortszentrum von Assenza. Eine weitere Möglichkeit besteht, indem man die Fahrstraße hinauf nach Prada benützt, und erst dort auf einer Höhe von etwa 900 Metern mit dem Anstieg beginnt.
Parkmöglichkeiten: Im Ortszentrum von Assenza bzw. von Cassone. Zwei Parkplätze an der Höhenstraße zur Hochfläche Prada, 2 km südlich vom Anstiegsweg zum Rif. Telegrafo.
Gehzeiten: Anstieg 6 Std. von Cassone/Assenza, 4 Std. vom Parkplatz an der Höhenstraße, Abstieg 4 Std. bzw. 2½ Std.; insgesamt: 10 Std. bzw. 6½ Std. Übernachtung einplanen.
Anforderungen: Der Anstieg erfolgt überwiegend auf steilem Bergsteig, zu Beginn noch auf Ortsverbindungswegen. Schweißtreibendes Unternehmen im Hochsommer, besser im Spätsommer angehen (September). Im Frühjahr liegt lange Schnee.
Höchster Punkt: Punta Telegrafo (Monte Maggiore), 2200 m.
Einkehrmöglichkeiten: Unterwegs keine, am Endpunkt das Rif. Telegrafo, 2147 m (auch: Rif. G. Barana, von Juni bis Ende September bew., Übernachtung, 35 Lager).
Sehenswertes: Phantastischer Tiefblick auf den Gardasee. Die Felsschluchten des oberen Monte-Baldo-Kammes.

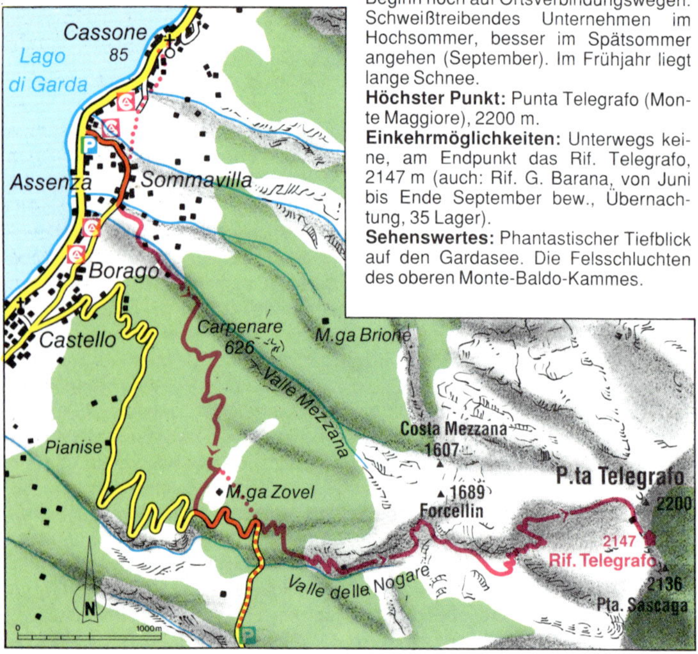

Das Rifugio Telegrafo knapp unterhalb der Kammlinie an aussichtsreicher Stelle.

Der Anstieg: Auf der Piazza S. Nicolo in Assenza gehen wir bergseitig zum Platzende; dort einige Meter nach links, gleich wieder rechts, dann folgen wir der schmalen Asphaltstraße (Via degli Ivani) Richtung Sommavilla (Mark.-Nr. 654, rot). Wir durchqueren die Ortschaft, steigen durch Olivenhaine höher und erreichen nach etwa einer Dreiviertelstunde den Cà Roccolo, 306 m. Nun in südöstlicher Richtung durch Wald, wo wir bald das Valle Mezzana überqueren, und hinauf zu den Gebäuden von Carpenare. Dann weiter durch Wald bis zu den großen Wiesen der Malga Zovel, 960 m, und rechts am Rande der Almwiese entlang zu der von Porto nach Prada führenden Asphaltstraße. Auf ihr einige Kehren höher (knappe Stunde), bis links ein Forstweg abzweigt. Nach einigen hundert Metern geht dieser in einen Saumpfad über und führt durch einen Buchenwald hinauf zu den Almwiesen der verfallenen Malga Valloare, 1303 m, im Valle delle Nogare. Nun an den Fuß der nordöstlich aufragenden Felsen – die wir nun links umgehen – und durch eine Geröllzone steil hinauf (eine Wegvariante geht geradeaus weiter zur aussichtsreichen Forcellin und vereinigt sich dann wieder mit dem Hauptweg). Bei der Verzweigung rechts in das Valle delle Pre, dann in steilen Serpentinen in das riesige Kar, das sich bis zum Rifugio Telegrafo hinaufzieht. Wir wechseln hinüber auf die linke Seite des Kars und steigen auf Pfad empor zu einem Kriegssteig, der uns rechts zum Rifugio leitet.
Der Abstieg erfolgt auf der selben Route.

14 Malga Fiabio und SS. Benigno e Caro

Alm und Einsiedelei hoch über dem Gardasee

Malcesine – Malga Fiabio – Porta del Vescovo – SS. Benigno e Caro – Fichetto – Cassone

Talort: Malcesine, 103 m; neben Limone und Torbole der „lebhafteste" Ort am Gardasee mit interessantem alten Ortskern und das gesamte Ortsbild dominierender Skaligerburg auf der Nordseite. Zahlreiche Hotels, Restaurants und Cafés.
Ausgangspunkt: Ortsmitte bzw. Beginn der Panoramastraße am Südende des Ortszentrums.
Parkmöglichkeit: Gebührenpflichtiger Parkplatz im Ortszentrum, am Rande des Fußgängerbereichs.
Gehzeiten: Malcesine–Malga Fiabio 2¼ Std., Weiterweg zur SS. Benigno e Caro ¾ Std., Abstieg nach Cassone 1½ Std.; insgesamt: 4½ Std.
Anforderungen: Zum Teil gut bezeichnete Wege und Steige, überwiegend angenehm schattig.
Höchster Punkt: Porta del Vescovo, 837 m.
Einkehrmöglichkeiten: Am Weg keine.
Sehenswertes: Die Einsiedelei SS. Benigno e Caro aus dem 9. Jahrhundert; die kleine Kirche wurde 1844 wiederaufgebaut sowie 1969 renoviert. Der Überlieferung nach kam König Pippin, der Sohn Karls des Großen, häufig hierher, um sich mit den Einsiedlern zu unterhalten. Tiefblicke auf den Gardasee und die Olivenhaine am Weg.

Beim Weiler le Vigne oberhalb von Cassone.

Die Route: Wir folgen der asphaltierten Panoramastraße eine Viertelstunde leicht ansteigend Richtung Süden bis zur großen Kehre. 200 Meter nach dieser zweigen wir rechts ab, wo wir nach weiteren 30 Metern auf einen nach rechts abzweigenden, gepflasterten Weg treffen (ab hier Mark.-Nr. 659, rot-weiß). Nun steil den bebauten Hang hinauf und durch von Mauern eingefaßte Olivenhaine, bis der Weg wieder flacher wird. Auf schattiger Route durch Laubwald höher, dann bei der nächsten Verzweigung links weiter. Nach einem etwas flacheren Stück erreichen wir eine weitere Wegverzweigung vor einem großen Felsüberhang. Wir gehen nun links – immer weiter durch Laubwald – und erreichen nach 40 Minuten auf gut begehbarem Saumweg die schön gelegene Alm. Der Weiterweg zur Einsiedelei erfolgt dann auf breitem Fahrweg; zuerst leicht ansteigend zur Porta del Vescovo (½ Std.), dann in weitem Bogen hinab zum alten Kirchlein, 834 m. Schöner Lagerplatz 100 Meter jenseits der Kirche. Abstieg nach Cassone in westlicher Richtung auf breiter Mulattiera (steile Weganlage, weite Serpentinen) überwiegend durch Wald. Nach 1 Std. passieren wir einen schön gelegenen Bauernhof. Ab hier durch Olivenhaine auf befestigtem Fahrweg weiter, bis wir nach 20 Minuten auf eine Wegverzweigung stoßen. Nun halten wir uns rechts und gehen in 10 Minuten hinab nach Cassone.
Die Rückkehr zum Ausgangspunkt erfolgt mit dem Bus auf der Gardesana.

15 Rifugio Chierego, 1911 m

Auf eine windumspielte Aussichtswarte

Prada – Creste di Naole – Costabella – Rif. Chierego – Malga Valvaccara – Baiti di Ortigara – Prada

Talort: Porto, 66 m; kleiner Fischerhafen südlich von Malcesine.
Ausgangspunkt: Hochfläche Prada an der Verbindungsstraße zwischen Porto di Brenzone und San Zeno di Montagna. 15 km Anfahrt über kurvenreiche Bergstraße von Porto. Von der Abzweigung Richtung Naole dann noch 4 km auf befestigter Straße, das letzte Stück (etwa 500 m) auf rauher Piste.
Parkmöglichkeiten: Entweder auf der Prada-Hochebene beim Albergo Marciso oder am Ausgangspunkt.
Gehzeiten: Anstieg zum Rif. Chierego 2½ Std., Abstieg über die Baiti di Ortigara 2 Std.; insgesamt: 4½ Std. Nimmt man Prada zum Ausgangspunkt, dann 1½ Std. länger.
Anforderungen: Überwiegend breite Fahrwege, der Abstieg bzw. der Rückweg führt zum Teil über freie Bergwiesen und Karrenwege, zuletzt wieder auf Fahrweg.
Höchster Punkt: Rif. Chierego, 1911 m.

Einkehrmöglichkeiten: Rif. Chierego (von Mitte Juni bis Mitte September bew., 10 Lager). Gasthäuser auf Prada.
Sehenswertes: Blick von der Kammschneide der Creste di Naole.

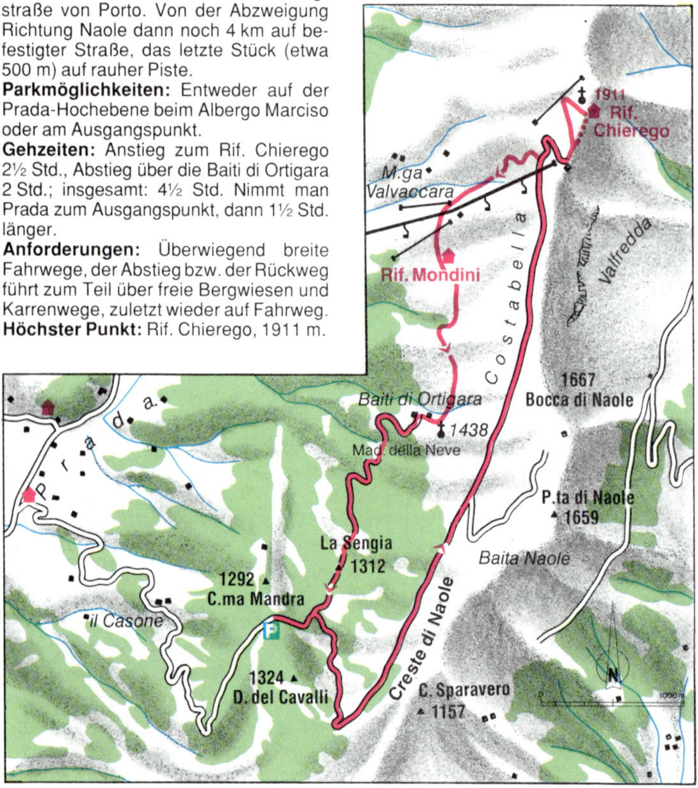

Urwüchsiger Baumbestand bei den Baiti di Ortigara oberhalb von Prada.

Der Anstieg zum Rifugio Chierego: Auf unbefestigtem, rauhem Fahrweg gehen wir mäßig steil Richtung Osten bergan. Nach 10 Minuten treffen wir auf die erste Wegverzweigung: Hier rechts (Mark.-Nr. 655, rot) und in weitem Bogen hinauf bis unter die Kammhöhe der Creste di Naole. Über freies Gelände steigen wir nun in nördlicher Richtung immer geradeaus sanft an zur Weidelandschaft der Costabella. Nach etwa zwei Stunden erreichen wir die Bergstation des Prada-Sessellifts. Von dort ist es noch eine Viertelstunde bis zum Rifugio Chierego.
Der Rückweg über die Baiti di Ortigara: Vom Rifugio zurück zur Bergstation des Sessellifts, dann rechts hinab auf Pfadspuren über das freie Almgelände zur Mittelstation auf der Costa Tiglia, 1560 m. Von dort in südwestlicher Richtung über Almwiesen in 5 Minuten hinab zur Malga Ortigaretta, 1497 m (alter Steinbau). Dort finden wir etwas links des Almgebäudes unseren Weiterweg (Mark.-Nr. 51, rot). In leichtem Auf und Ab gehen wir nun in südlicher Richtung hinüber zu den Baiti di Ortigara (20 Min.), wobei wir den schönsten Buchenbestand des gesamten Monte-Baldo-Kammes durchstreifen. Auf halbem Weg müssen wir dabei eine Steinmauer überklettern. Kurz vor der Alm treffen wir auf eine Wegverzweigung. An dieser dann rechts und durch Buchenwald hinab zu einer Fahrstraße. Auf ihr nahezu eben in 40 Minuten zu der Wegverzweigung, die wir bereits beim Anstieg passiert haben. Nun rechts hinunter in 10 Minuten zum Ausgangspunkt.

16 Madonna della Corona

Auf den höchstgelegenen Wallfahrtsort Italiens

Brentino – Madonna della Corona – Spiazzi und zurück

Talort: Brentino, 187 m; Fraktion von Brentino Belluno im Etschtal. Kleiner rustikaler Ort mit Kirche und Bar auf der Ostseite des Monte Baldo im Etschtal. Autobahnausfahrt Avio.
Ausgangspunkt: Zentrum von Brentino.
Parkmöglichkeiten: Kleiner Parkplatz in Ortsmitte, weiterer Parkplatz am Ortsrand in Richtung Avio.
Gehzeiten: Brentino–Madonna della Corona 1¾ Std., Weiterweg nach Spiazzi knappe halbe Stunde, Rückweg 1¼ Std.; insgesamt: 3½ Std.
Anforderungen: Gut angelegte und gesicherte Steige und Wege.
Höchster Punkt: Spiazzi, 864 m.
Einkehrmöglichkeiten: Unterwegs keine. Am Wallfahrtsort Madonna della Corona Imbißstube, in Spiazzi Hotels, Restaurants und Bars.
Sehenswertes: Die höchstgelegene Wallfahrtskirche Italiens geht auf eine alte Eremitage aus dem Mittelalter zurück (vermutlich 13. Jh.). 1436 wurde dieser Felsenort Eigentum der Malteserritter (das typische Malteserkreuz ist heute noch zu sehen). Im 15. Jh. wurde die erste Kirche in den Fels hineingebaut. Das bekannte „Standbild der Schmerzensmutter" wurde auf geheimnisvolle Weise von Malta, dem neuen Hauptsitz der Malteser, in die Berge der Corona transportiert. In den Jahren 1974–78 erfolgte eine Restaurierung des Wallfahrtsorts.

Der Anstieg: Vom Parkplatz im Ortszentrum gehen wir erst auf der Via Santuario etwa 150 Meter Richtung Norden (rechts), bis wir auf einen Waschtrog und zwei große Kastanien treffen. Dort beginnt links der Pilgerweg (Mark.-Nr. 73, rot-weiß). Über neu angelegte, breite Stufen zuerst hundert Meter hinauf. Am Ende derselben rechts auf gut begehbarem Bergsteig

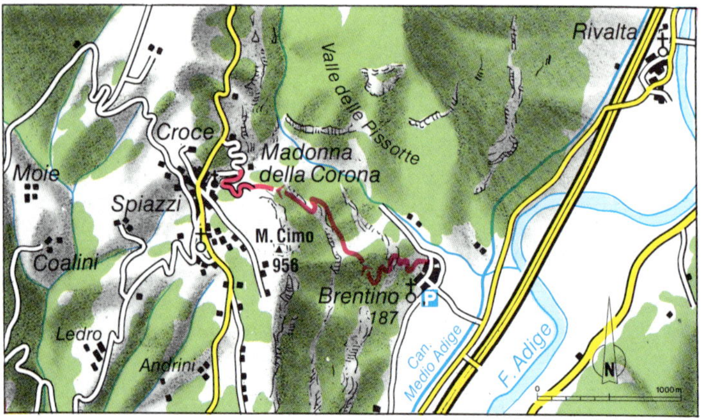

Der eng an den Felsen geschmiegte Wallfahrtsort Madonna della Corona.

weiter durch ehemals kultivierte Berghänge, bis wir nach etwa 20 Minuten einen Aussichtspunkt mit großem Kreuz erreichen (kurzer Abstecher vom Weg). Nun weiter bergan durch Wald, dann lange ansteigende Querung hinein ins Valle delle Pisotte, wo uns eine wilde Felslandschaft erwartet. Nun links in Serpentinen an die parallel zu unserem Weg verlaufende Felswand, die wir über eine gemauerte und gesicherte Steiganlage überwinden. Der Weiterweg verläuft nun etwas sanfter, aber weiterhin durch Wald. Bald erreichen wir eine Steinbrücke und jenseits davon die breite Weganlage, die uns über zahlreiche Stufen hinauf zur Wallfahrtskirche bringt.
Die Rückkehr erfolgt auf dem Anstiegsweg.

17 Porto di Brenzone – Prada

Interessanter Fußweg auf eine weite Hochfläche

Porto di Brenzone/Castello – San Antonio delle Pontare – Palazzina – Prada – Campo – Magugnano – Porto di Brenzone

Talort: Porto di Brenzone, 66 m; kleiner Fischerhafen auf der Ostseite des Gardasees, südlich von Malcesine, mit Kirche und Restaurants.
Ausgangspunkt: Ortsmitte von Porto di Brenzone bzw. Castello, bei der Kirche.
Parkmöglichkeiten: Im Ort.
Gehzeiten: 3 Std. für den Anstieg, weitere 3 Std. für den Rückweg; für die gesamte Rundtour insgesamt: 6 Std.
Anforderungen: Saumwege und Bergsteige. Festes Schuhwerk notwendig.
Höchster Punkt: Prada-Hochfläche, 1000–1100 m.
Einkehrmöglichkeiten: Einige Gasthäuser auf der Hochfläche (Albergo Olimpia, Trattoria Edelweiß, Albergo Genziana etc.). Bars und Trattorien in Porto bzw. in Magugnano.
Sehenswertes: Die Olivenhaine und die Kapelle San Antonio delle Pontare am Weg. Der Weiler Campo.

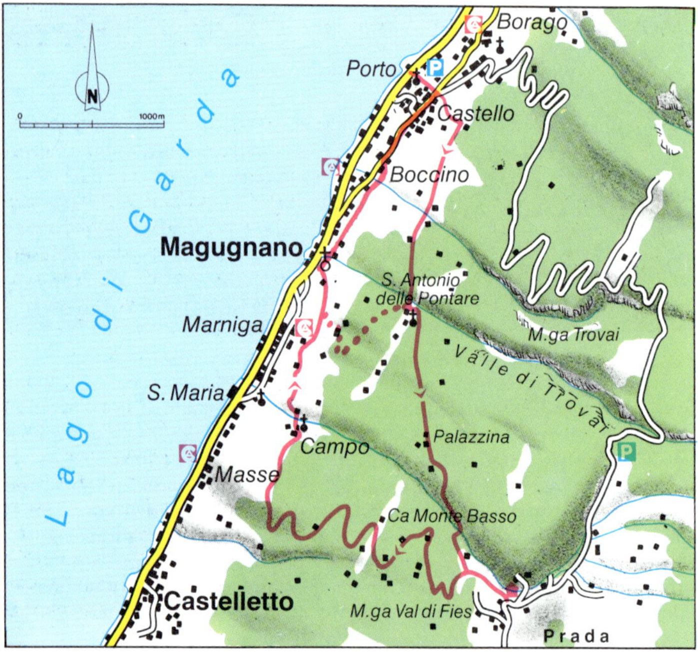

Der Hafen von Malcesine.

Der Anstieg: Vom Kirchplatz in Castello rechts auf der „Via Prada" (Mark.-Nr. 33, rot) zwischen Natursteinmauern in 10 Minuten bis zu einer Wegverzweigung. Hier steil bergan (nicht rechts auf den „Sentiero della Natura") auf eine strauchfreie Gesteinsfläche. Nun rechts auf dem Natursteinweg weiter, bis wir auf einen Trockenbach treffen (links großes Gebäude und Bildstock). Vor dem Haus rechts weiter und auf weiterhin gepflastertem Weg in 15 Min. bis zur Kapelle San Antonio delle Pontare (431 m). Links vorbei und in gleicher Richtung durch buschiges Gelände zum verwachsenen Almgebiet von Palazzina. Weiter zu Wegverzweigung, dann links und durch lichten Wald zur Asphaltstraße auf der Hochfläche Prada.
Der Rückweg: Auf dem Anstiegsweg ein Stück zurück, dann links und in weiten Schleifen hinab zur Wegverzweigung südlich von Campo; auf dem markierten und gepflasterten Weg (Mark.-Nr. 34) rechts nach Campo. Durch den Weiler und weiter in gleicher Richtung. Dort, wo der Weg Nr. 31 Richtung Prada weist, noch ein kurzes Stück weiter. Beim ersten Haus (nach der Abzweigung Richtung Prada) rechts vorbei und ein Stück eben auf dem Sandweg, wo wir bald auf eine asphaltierte Straße treffen (rot-weiß mark.). Wo die Straße eine scharfe Kehre nach links macht (Richtung Kirche von Magugnano) geradeaus weiter. An Natursteinmauern entlang eben weiter durch schönen Olivenhain. Beim letzten Haus rechts, dann nahezu eben zurück zum Kirchplatz von Castello.

18 Zur Baia delle Sirene

Gemütliche Wanderung an den Ausläufern des Monte Baldo entlang

Torri del Benaco – le Murette – (Monte Luppia) – Punta San Vigilio (Baia delle Sirene) bzw. Garda

Talort/Ausgangspunkt: Torri del Benaco, 67 m; malerischer Hafenort an der Gardesana orientale, 34 km südlich von Torbole. Charakteristisches Merkmal des Ortes ist die zinnenbewehrte Burg.
Parkmöglichkeit: Parkplatz an der südlichen Ortszufahrt und im Ort.

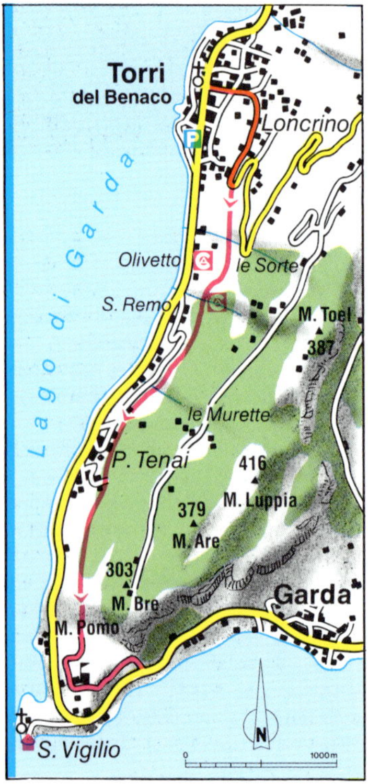

Gehzeiten: Torri del Benaco–Baia delle Sirene 2¼ Std. Entweder Rückkehr auf dem Hinweg oder entlang der Straße. Besser mit Bus (Haltestelle an der Baia delle Sirene) – Achtung: Vorher Fahrkarten besorgen, im Bus sind keine erhältlich! Evtl. Weiterweg nach Garda, ½ Std.
Anforderungen: Fahrwege und markierte Wirtschaftswege. Nach kurzem Anstieg nahezu ebene Wanderung.
Höchster Punkt: Ca. 200 m.
Einkehrmöglichkeiten: Unterwegs keine. Ristorante/Bar an der Punta San Vigilio.
Sehenswertes: Ausblicke auf den See und das gegenüberliegende Ufer, Ortskern von Torri del Benaco mit Hafen und Burg. Die Punta San Vigilio, einer der berühmtesten Orte entlang des Seeufers.

Auf dieser schönen und leichten Familienwanderung bieten sich herrliche Ausblicke auf den Monte Baldo und besonders natürlich auf das gegenüberliegende Gardaseeufer mit Gardone-Riviera und Gargnano sowie den sich stolz darüber erhebenden Monte Pizzocolo. Wir streifen dabei durch Olivenhaine und entlang von pittoresken Natursteinmauern.

Die Route: 50 Meter südlich der Kirche führt von der Gardesana die asphaltierte Straße nach Albisano weg. Auf ihr geradeaus, dann im Rechtsbogen durch eine reizvolle Villensiedlung (mit schönem Blick auf Torri) etwa 20 Minuten den Berg hinauf. An der ersten scharfen Linkskurve gehen wir dann gerade-

Blick von San Vigilio auf Garda mit der Rocca di Garda.

aus weiter.(Ausschilderung: Punta S. Vigilio; Weg-Nr. 41, rot-weiß). Nun nahezu eben zuerst auf Asphalt, dann auf schönem Karrenweg in Richtung Süden. Durch Olivenhaine und vorbei an schönen Aussichtspunkten führt uns der Weg – zum Teil zwischen Natursteinmauern entlang – ohne Anstrengung weiter. Nach einer halben Stunde treffen wir auf eine Wegverzweigung. Wir gehen rechts („Via V. Bellini") und folgen weiterhin dem ebenen Weg. Nach 20 Minuten leicht abwärts, dann erneut Wegverzweigung bei der Streusiedlung le Murette. Wir halten uns wieder rechts und erreichen bald ein Trafo-Häuschen. Rechts an ihm vorbei, wo alsbald eine schmale Mulattiera beginnt. Der schattige Weg führt uns nun für kurze Zeit durch Buschwerk. (50 Meter nach dem Trafo-Häuschen zweigt links der Anstieg zum Monte Luppia ab, 50 Minuten Gehzeit.) Wir folgen der rot-weißen Markierung, die uns nun allmählich bergab führt. Bei der folgenden Wegverzweigung gehen wir rechts und treffen dann auf einen befestigten breiten Weg. Nach 10 Minuten erreichen wir einen Aussichtspunkt, von dem aus wir einen herrlichen Blick auf die Punta S. Vigilio genießen können. Gewaltige Zypressen begleiten uns dabei auf dieser Wegstrecke. 15 Minuten auf der Sandstraße sind es dann noch, bis wir wieder auf die Gardesana gelangen. Hier können wir nun in einer halben Stunde Garda erreichen; rechts auf der Straße entlang hingegen treffen wir auf die Punta S. Vigilio. Von dort mit Bus zurück zum Ausgangspunkt Torri del Benaco.

19 Monte Spino, 1486 m

Durch ein reizvolles Hochtal auf einen zerklüfteten Felskamm

Colomber – Passo Spino – Rif. Pirlo allo Spino – Monte Spino – Passo Spino – Val di Sur bzw. Monte Pirello – Colomber

Talort: Gardone Riviera, 113 m; bekannter Doppelort mit langer touristischer Tradition auf der Westseite des Gardasees in landschaftlich herrlicher Lage. Zahlreiche vornehme Hotels.

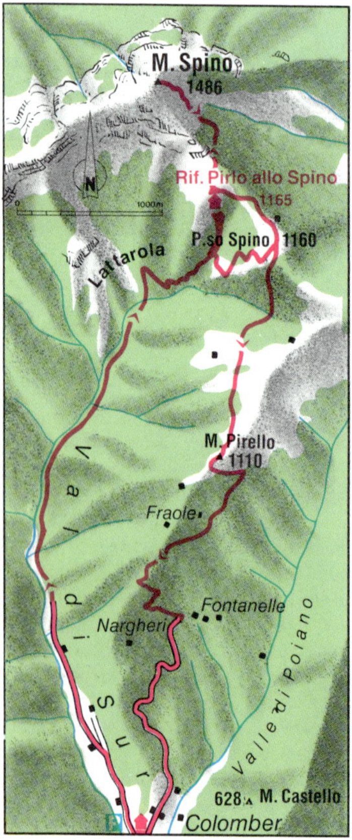

Ausgangspunkt: Colomber, 405 m; kleine Siedlung oberhalb von Gardone am Eingang zum Val di Sur. Anfahrt auf kurvenreicher, aber reizvoller Straße von Gardone, 5 km.

Parkmöglichkeiten: Im Ort bzw. auf kleinem Parkplatz am Ende der Fahrstraße im Val di Sur (enge Straßenführung, nicht empfehlenswert).

Gehzeiten: Colomber–Rif. Pirlo allo Spino 3 Std., Anstieg zum Gipfel 1 Std., Rückweg 3 Std.; insgesamt: 7 Std.

Anforderungen: Der Anstieg zum Passo Spino und der Weiterweg zum Rif. erfolgt auf breitem Fahrweg (zu Beginn) sowie auf Mulattiera. Der Gipfelanstieg ist steil und etwas ausgesetzt und verlangt Trittsicherheit und Schwindelfreiheit. Als Variante für den An- oder Abstieg zum Passo Spino eignet sich auch der Weg über den Monte Pirello.

Höchster Punkt: Monte Spino, 1486 m.

Einkehrmöglichkeiten: Rif. Pirlo allo Spino, 1165 m (einfach bew. von Juli bis Oktober, 20 Lager), Trattoria Colomber (ganzj. bew.; Übernachtung).

Sehenswertes: Der interessante Badeort Gardone Riviera mit seiner opulenten mediterranen Vegetation sowie der Park Vittoriale, den der Dichter Gabriele d'Annunzio anlegen ließ.

Der Anstieg: Von der Trattoria „Colomber" nehmen wir den linken Fahrweg (Ausschilderung) ins Val di Sur und gehen durch das zuerst noch breite Tal nur leicht steigend bis zu den Gebäuden von Verghere. Hier beginnt der Maultierweg (Mark.-Nr. 1), der uns in eineinhalb Stunden über den Passo di

Verlassenes Almgebäude am Passo Spino.

Spino, 1160 m, zum Rifugio bringt. Immer dem Barbarano-Bach entlang, über ein paar kleine Holzbrücken, steigen wir auf dem gepflasterten Weg nun steiler an. Nach etlichen Kehren passieren wir die Malga Gemelle (knappe Stunde von Verghere) und gehen rechts weiter hinauf zum Passo Spino. Dort links an den Almgebäuden vorbei. Auf schmalem Sträßchen eben weiter, vorbei an einer großen Gebäuderuine, dann bei der Wegverzweigung links zum frei stehenden Rifugio Pirlo allo Spino. – Der Gipfelanstieg erfolgt auf markiertem Pfad (Nr. 4A): Von der Hütte steigen wir zuerst in nördlicher Richtung zu einem grünen Wasserbehälter an, dann weiter über den freien, schrofigen Gipfelhang bis unterhalb eines Felssporns, wo wir auf die Ostseite des Gipfelaufbaus wechseln (die Costa Mandria). Auf dieser Seite über baumdurchsetzte Felsabsätze hinauf zum Gipfel.

Der Abstieg: Zurück zum Rifugio, dann entweder auf dem Abkürzer direkt von der Hütte hinab zur Malga Gemelle oder über den Passo Spino auf dem Anstiegsweg zurück. – Vom Passo Spino führt über den Höhenrücken des Monte Pirello ein markierter Wanderweg durch Wald und Almwiesen über die Malga Fontanelle hinaus zum Ausgangspunkt.

20 Monte Pizzocolo, 1581 m

Auf das Wahrzeichen des südlichen Gardasees

Gaino – il Palazzo – Passo Spino – Dos le Prade – Monte Pizzocolo

Talort: Toscolano, 78 m; Verwaltungssitz des Doppelortes Toscolano-Maderno mit römischer Vergangenheit (Ausgrabungen). Badeort mit Strand, Campingplätzen und Hotels. Der Ort liegt auf der Mündungszunge des Torrente Toscolano.
Ausgangspunkt: Gaino, 274 m; Anfahrt von Toscolano auf 3 km langer Asphaltstraße; wir nehmen die an der Brücke über den Toscolano-Bach abzweigende Straße ins „Papiermühlental" (Valle delle Cartiere) und fahren in einigen Kehren hinauf zur Hochfläche von Gaino; das Auto können wir am Dorfrand von Gaino abstellen. Oder: Weiterfahrt in nördlicher Richtung auf der Via Camerate (Sandstraße), bis wir nach 7,5 km den verfallenden Hof „il Palazzo" erreichen. Die gegen Ende zu rauher werdende Sandstraße führt dabei nach etwa 2,5 km Fahrt nach links über den Bach und dann durch den überwiegend bewaldeten Nordhang des Monte Pizzocolo.
Parkmöglichkeiten: In Gaino am Ortsrand bzw. am Hof „il Palazzo". Man sollte das Auto jedoch besser in Gaino lassen.
Gehzeiten: Gaino–il Palazzo 2 Std., il Palazzo–Passo Spino etwa 1 Std., Passo Spino–Monte Pizzocolo 1½ Std., Abstieg bis Gaino 3 Std.; insgesamt: 7½ Std.
Anforderungen: Bis „il Palazzo" Sandstraße, danach Wirtschaftsweg zum Passo Spino; der Weiterweg zum Gipfel führt über einen alten Kriegsweg. Leicht zu besteigender Gipfel, keine Ausgesetztheit. Auch für Kinder gut geeignet.
Höchster Punkt: Monte Pizzocolo, 1581 m.
Einkehrmöglichkeiten: Unterwegs keine. Kurz unterhalb des Gipfels befindet sich allerdings das Bivacco „Due Aceri", das Schutz bei Regen und einen Platz für die Brotzeit bietet.
Sehenswertes: Faszinierender Blick auf den tiefliegenden Gardasee. Reste verfallender bäuerlicher Kultur. Wallfahrtskirche Santa Maria di Gaino.

Der massige Gipfelaufbau des Monte Pizzocolo von Nordosten.

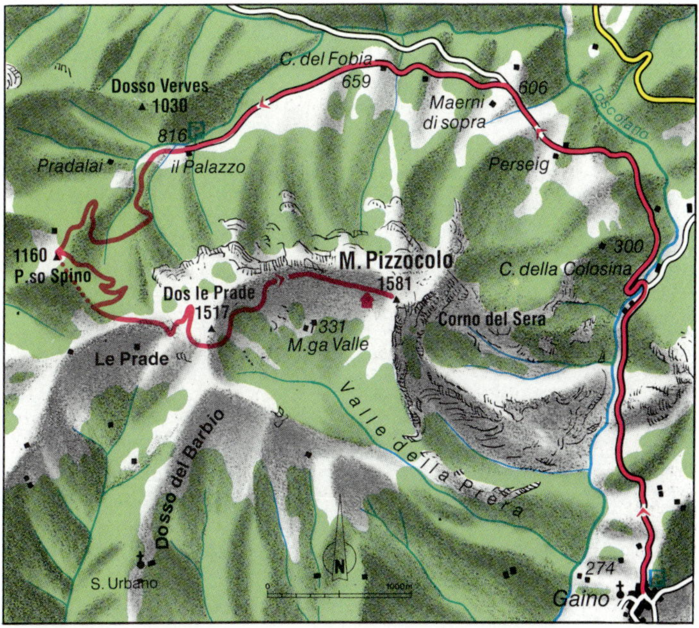

Der Anstieg: Von Gaino gehen wir in nördlicher Richtung auf der Via Camerate (Ausschilderung „Rif. Spino“) eine gute halbe Stunde bis zu einer kleinen Brücke über den Toscolano-Bach. Links weiter auf der unbefestigten Fahrstraße und in weitem Nordwestbogen um den Monte Pizzocolo. Nach einer Dreiviertelstunde bei der Abzweigung links, dann weiter langsam ansteigend durch bewaldetes Gebiet, bis wir zum verfallenden Hof „il Palazzo“ kommen. Ab hier beginnt der eigentliche Steig. Nun durch schattigen Wald (Mark.-Nr. 2, rot-weiß) bequem hinauf zum Passo Spino, 1160 m, wobei wir uns bei der ersten Wegverzweigung links, bei allen folgenden rechts halten. Am Passo Spino einige Almhütten zum Unterstellen. Dort links weiter, nun etwas steiler ansteigend, und nach einer halben Stunde auf dem breiten Weg nochmals links (die Markierung weist uns einen Abkürzer). Nach Erreichen des Südwestkammes oberhalb der Almwiesen le Prade nahezu eben weiter Richtung Osten, dann in weitem Bogen um den Vorgipfel Dos le Prade herum. Zuletzt über freies Gelände hinauf zum Gipfel. Am Gipfel erwartet uns ein Kreuz sowie eine kleine Kapelle.
Der Abstieg erfolgt auf dem gleichen Weg.

21 Monte Castello di Gaino, 866 m

Auf einen felsigen Vorposten des Monte Pizzocolo

Navazzo – Santa Maria – Corno Lena – Monte Castello di Gaino

Talort: Gargnano, 98 m; reizvoller, sich mit zahlreichen Ortsteilen den Hang hinaufziehender Erholungsort mit Hotels, Restaurants und Bars auf der Westseite des Gardasees.
Ausgangspunkt: Ortsmitte von Navazzo, 487 m, bzw. die südöstlich davon auf freiem Feld gelegene Kirche Santa Maria. Anfahrt von Gargnano auf kurvenreicher Straße Richtung Valvestino, 11 km.
Parkmöglichkeiten: Im Ortszentrum von Navazzo bzw. am kleinen Parkplatz bei der Kirche Santa Maria.
Gehzeiten: Anstieg 1¼ Std., Abstieg ¾ Std.; insgesamt: 2 Std.
Anforderungen: Zu Beginn Feldwege, dann Bergsteig, der Schlußanstieg ist steil und etwas ausgesetzt. Trittsicherheit und gutes Schuhwerk erforderlich.
Höchster Punkt: Monte Castello di Gaino, 866 m.
Einkehrmöglichkeiten: Unterwegs keine. Bar und Trattoria in Navazzo sowie entlang der Anfahrtsstrecke.
Sehenswertes: Tiefblick auf den Gardasee. Die Kirche Santa Maria bei Navazzo. Die Anfahrt von Gargnano durch den steilen Berghang entbehrt nicht eines gewissen Reizes (zahlreiche Olivenhänge und Weingärten).

Das Gebiet um den felsigen Aufbau des Monte Gaino kann zum typischen und zum reizvollsten Landschaftsensemble rund um den Gardasee gezählt werden. Und für den etwas eiligen Besucher ist es zudem ein rasch erreichbares und auch aussichtsreiches Kurzwanderziel, das wenig Anstrengung

Die Nordseite des Monte Castello di Gaino mit ihrer reizvollen Kulturlandschaft.

erfordert. Von seinem Gipfel, den bezeichnenderweise eine italienische Flagge schmückt, bietet sich ein reizvoller und jäher Tiefblick auf den tief unten liegenden Gardasee. Die relative Anstiegshöhe ist gering, doch da wir die ersten Höhenmeter mit dem Auto oder Bus zurückgelegt haben, befinden wir uns beträchtlich über dem Seespiegel.

Der Anstieg auf den Monte Castello di Gaino: Von der Ortsmitte von Navazzo gehen wir 200 Meter auf Asphaltstraße in südöstlicher Richtung zur frei stehenden Kirche Santa Maria. Dort rechts die Treppen hoch. Dann folgen wir der Ausschilderung (Mark.-Nr. T2, rot) ebenfalls rechts, gehen am Sportplatz links vorbei und passieren einen heckengesäumten Hohlweg, bis wir auf die querführende Sandstraße treffen. Wir überqueren diese und steigen leicht bergan. Nach 50 Metern gehen wir bei der Verzweigung („Selva") links den Karrenweg hoch und treffen bald auf eine weitere Verzweigung; dort links auf die Lichtung zu. Wir queren diese und gehen durch Jungwald an den unteren Felsaufbau heran. Der hier beginnende Steig leitet uns nun durch die westliche Bergflanke und führt mit Ausnahme einiger Passagen durch schattigen Laubwald leicht ansteigend höher. Am eigentlichen Gipfelaufbau dann rechts unter den Felsen vorbei und dann in steilen Serpentinen hinauf zum höchsten Punkt. Die letzten Meter sind dabei mit einem Stahlseil gesichert. Oben erwartet uns ein breiter Lagerplatz mit Holzkreuz und eine herrliche Aussicht auf den Gardasee.

Die Rückkehr erfolgt auf dem Anstiegsweg.

22 San Valentino, 772 m

Kurzer Ausflug zu einer Eremitenklause hoch über Gargnano

Gargnano – Sasso – San Valentino und zurück

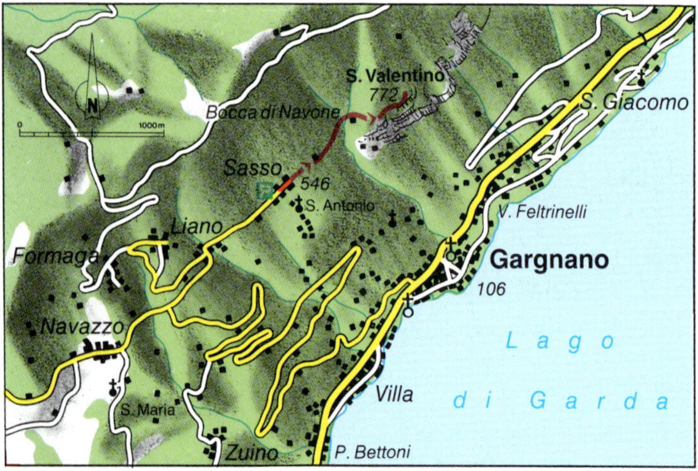

Talort: Gargnano, 98 m; reizvoller, sich mit zahlreichen Ortsteilen den Hang hinaufziehender Erholungsort mit Hotels, Restaurants und Bars auf der Westseite des Gardasees.
Ausgangspunkt: Sasso, 546 m; kleine Fraktion von Gargnano mit weithin sichtbarer Kirche. Anfahrt von Gargnano auf kurvenreicher Straße nach Navazzo und das Valvestino; nach 7,3 km von der Gardesana occidentale Abzweigung Richtung Sasso, Liano etc., nach 600 m wieder rechts und dann noch 700 m bis zum Ort.

Parkplatz: Am Ortsanfang.
Gehzeiten: Sasso–San Valentino ¾ Std., Rückweg ½ Std.; insgesamt: 1¼ Std.
Anforderungen: Feldweg und Steig. Etwas Trittsicherheit und gutes Schuhwerk auf alle Fälle erforderlich.
Höchster Punkt: 772 m.
Einkehrmöglichkeiten: Bar in Sasso, Albergo und Ristorante bzw. Trattoria jeweils an den Straßenabzweigungen in Richtung Sasso.
Sehenswertes: Tiefblick auf Gargnano; Kapelle und Aufenthaltsräume der Eremitenklause.

Im Jahr 1630 wütete die Pest unter den Einwohnern von Gargnano; bei einer Bevölkerung von 3000 Personen waren etwa 400 Opfer zu beklagen. Der Überlieferung nach wurde die Eremitage etwa zwischen 1650–1700 erbaut von Geretteten, die hierher vor der Ansteckung geflüchtet waren und ein Gelübde abgelegt hatten. Danach dienten Kapelle und Wohnräume verschiedenen Zufluchtsuchenden. Zuletzt Geremia Paladini, der 1842 der Zwangsrekrutierung durch die damals dort herrschenden Österreicher entkommen wollte. Das allmählich verfallende Gebäude – das exponiert in die Felsabbrüche der Cima Comer gebaut worden ist – konnte in den siebziger Jahren dieses Jahrhunderts wieder restauriert werden.

Die Route: Vom Parkplatz am Ortseingang gehen wir in nordöstlicher Richtung in den Ort hinein. Blaue Pfeile und eine Wegmarkierung (Nr. 31, rot, nach Briano und Comer) weisen an einigen Stellen den Weg. Nach 50 Metern gehen wir links und sogleich wieder rechts, dann immer geradeaus. Dabei passieren wir einen öffentlichen „Waschplatz", an dem man noch heute die Frauen beim Waschen mit der Hand beobachten kann. Kurz dahinter erreichen wir das Ortsende. Nun geht es auf Feldweg einer langen Mauer entlang. Zunächst noch eben, dann durch schattigen Wald sanft höher. Zwischendurch bieten sich uns schöne Tiefblicke auf den See und den Ort Gargnano. Nach einer halben Stunde Gehzeit erreichen wir einen freien Flecken. Hier verzweigen sich die Wege. Wir gehen rechts hinein in den Wald, wo wir nach wenigen Minuten auf ein trockenes Bachbett stoßen; in diesem steigen wir auf steilen Stufen hinab. Sodann eben durch die steile Bergflanke, danach wieder etwas bergan; bald erreichen wir den Zugang zur Klause, der durch einen kleinen Türbogen markiert ist.

Die Rückkehr erfolgt auf dem gleichen Weg.

Die auf einen Felsvorsprung errichtete Eremitenklause San Valentino.

23 Muslone – Piovere

Rundtour zwischen zwei reizvollen Orten oberhalb des Gardasees

Muslone – Monte Rocchetta – Boldis – Gallo – Piovere – Muslone

Talort: Gargnano, 98 m; reizvoller, sich mit zahlreichen Ortsteilen den Hang hinaufziehender Erholungsort mit Hotels, Restaurants und Bars.
Ausgangspunkt: Ortsmitte von Muslone, 461 m. Diesen kleinen, hübschen Ort erreicht man von Gargnano auf gut ausgebauter Asphaltstraße, 7,5 km.
Parkmöglichkeiten: Parkplatz am Ortseingang von Muslone.
Gehzeiten: Gesamte Rundtour: 4 Std.
Anforderungen: Karrenwege und Bergsteige, ein Stück auf der Fahrstraße.
Höchster Punkt: Boldis, 969 m.
Einkehrmöglichkeiten: Trattoria Boldis. Bar und Trattoria in Muslone.
Sehenswertes: Die historisch gewachsenen Orte Muslone und Piovere, die ihren ursprünglichen Charme bis heute erhalten haben.

Das noch ursprüngliche Dorf Muslone am Osthang der Cima Comer.

Der Ort Muslone, eine Fraktion von Gargnano, liegt in besonders reizvoller Lage einige hundert Meter oberhalb des Gardasees inmitten von Olivenhainen. Obwohl nur wenige Fahrkilometer von der belebten Gardesana entfernt, glaubt man sich zuerst in eine andere Welt versetzt.
Die Route: Vom Parkplatz gehen wir zuerst in den Ort, dann links an der Kirche vorbei zur Piazza Egidio Mombelloni. Am Ende wenige Meter nach

links, dann rechts durch einen Torbogen und jenseits steil den Berg hinauf, bis wir auf eine schmale Fahrstraße treffen. Dort folgen wir dem gelb markierten, gepflasterten Weg, der uns zuerst zu den obersten Häusern des Dorfes, dann Richtung Val della Piazza führt. Bei der ersten Wegverzweigung gehen wir links, bei der nächsten rechts. Bei allen folgenden Abzweigungen halten wir uns rechts. Nach Erreichen des Taleinschnitts gehen wir in großem Bogen rechts hinüber zu den Felsabbrüchen des Monte Rocchetta, dann links hinauf zum aussichtsreichen Gipfelpunkt. Nun zurück auf den Saumweg und weiter in Richtung Nordwesten, wo wir auf einen Fahrweg und bald danach auf die Trattoria Boldis treffen. Für den Abstieg Richtung Piovere nehmen wir das kleine Sträßchen, das in weiten Kehren durch Wald in östlicher Richtung hinunterführt. Bald verbreitert sich dieses zu einer Straße, die uns dann zum Weiler Gallo, 507 m, bringt. Dort gehen wir rechts weiter auf Straße, vorbei an der Resten einer Burg, hinab zum schön gelegenen Ort Piovere, 417 m. Durch den Ort und im Rechtsbogen hinab zur Kirche und zum Friedhof. Wir verlassen die gepflasterte Straße nach rechts und folgen dann einem Wiesenweg durch Oliventerrassen. Die weitere Route nach Muslone verläuft nahezu eben, hoch über dem See, und führt uns unterhalb der Felsen des Monte Rocchetta durch Wald und über Wiesen auf breitem Feldweg zurück ins Ortszentrum von Muslone.

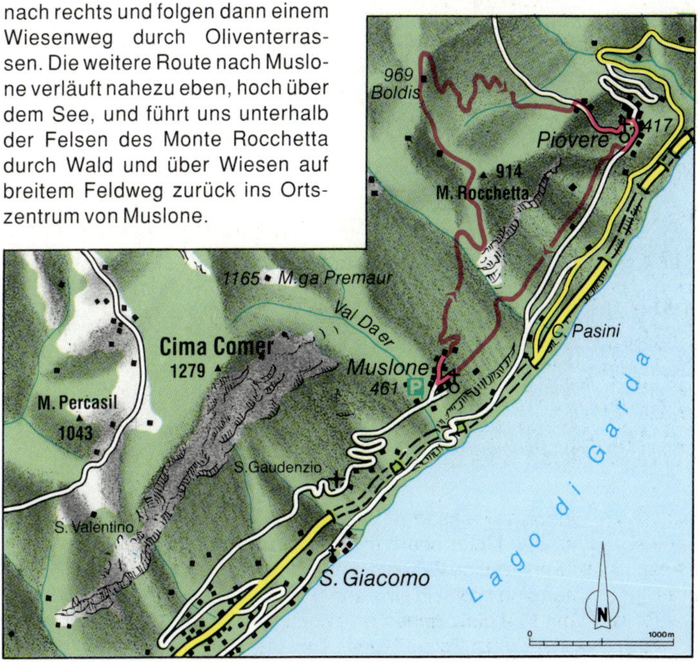

24 Madonna di Montecastello

Kirche und Festung zugleich

Parkplatz – Madonna di Montecastello – Montecastello und zurück

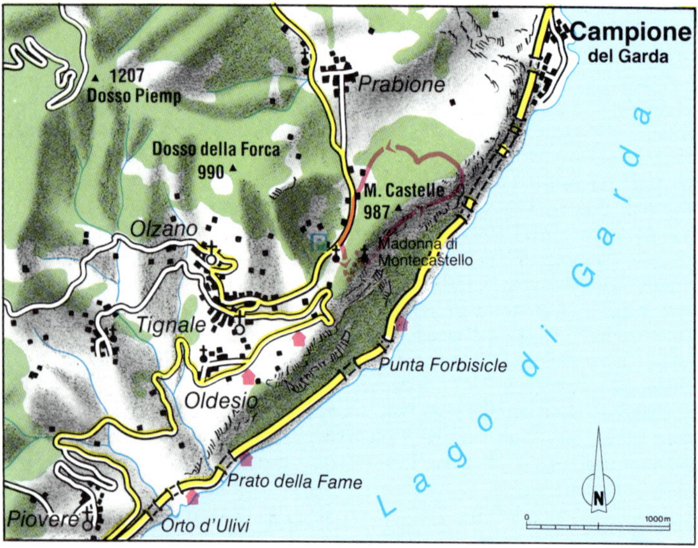

Talort: Tignale, 555 m; kleiner unscheinbarer Ort oberhalb der Gardesana occidentale mit Pfarrkirche, zahlreichen Ferienwohnungen, Hotels und Bank. Anfahrt von der Gardesana ab Limone, dann rechts hinauf durch den steilen Uferhang, vorbei an Oldesio, bis nach Tignale.
Ausgangspunkt/Parkmöglichkeiten: Parkplatz auf der Westseite des Montecastello, 1,5 km von Tignale. Die direkte Anfahrt zur Kirche ist möglich, aber nicht empfehlenswert (25% Steigung, nur wenig Parkmöglichkeiten).
Gehzeiten: 20 Min. bis zum Wallfahrtsort. 2 Std. für den gesamten Rundweg.
Anforderungen: Bis zur Kirche Fahrstraße bzw. breiter Wallfahrtsweg. Der Routenabschnitt oberhalb der Kirche, hoch über dem Gardasee, ist zum Teil etwas ausgesetzt; Orientierungssinn nötig. Nach dem Abstecher zum Aussichtspunkt oberhalb Campogrande ist die Rückkehr zur Kirche empfehlenswert. Der Abstieg Richtung Prabione und dann zum Parkplatz führt überwiegend auf Karrenwegen durch Wald und bietet keinerlei Aussicht.
Höchster Punkt: Montecastello, 987 m.
Einkehrmöglichkeiten: Bar bei der Wallfahrtskirche. Bar in Prabione und Restaurants in Tignale.
Sehenswertes: Wallfahrtskirche und Kloster Madonna di Montecastello; befestigte Stellungen aus dem 1. Weltkrieg auf dem Montecastello. Phantastischer Tiefblick auf den Gardasee.

Auf der Westseite des gebirgigen Seeufers zwischen Campione und Gargnano erhebt sich eine markante, 700 Meter steile Felswand, an deren scharfer Kante wir die weiß blinkenden Mauern der Wallfahrtskirche und des Klosters Madonna di Montecastello schon von weitem erkennen können. Zu früheren Zeiten stand dort oben eine umkämpfte Festung, bis im 16. Jahrhundert eine Wallfahrtskirche an ihrer Stelle erbaut wurde. Doch noch im Ersten Weltkrieg wurde der Berg „Montecastello" heiß umkämpft, wovon zahlreiche Schützengräben oberhalb des Klosters Zeugnis geben. Auf einem interessanten, jedoch etwas ausgesetzten Rundweg erschließt sich uns die ganze Schönheit des Gardasees.

Der Rundweg: Vom Parkplatz steigen wir auf dem mit Kreuzwegstationen markierten Wallfahrerweg bequem empor und erreichen nach 20 Minuten den Kirchplatz mit kleiner Bar. Nach der obligatorischen Besichtigung (nur die Kirche ist Touristen zugänglich) gehen wir links an der Kirche vorbei und steigen auf vorerst breitem, rot-weiß markiertem Weg in einer halben Stunde hinauf zu einem Aussichtspunkt mit Kreuz. Auf der anderen Seeseite erkennen wir – falls die oft diesige Luft es zuläßt – Malcesine und den Monte-Baldo-Kamm in seiner ganzen Breite. An der Ostseite des Berges folgen wir dann dem knapp an der Felskante entlang führenden Pfad durch schattigen Wald zum nördlichen Endpunkt des Montecastello, wo uns ein herrlicher Tiefblick auf die Gardesana erwartet. Nun weiter durch Wald auf dem überwiegend breiten Forstweg links hinab und in großem Bogen Richtung Prabione, dann nochmals links Richtung Tignale. Die Verbindungsstraße erreichen wir bei einem Rastplatz. Auf ihr zurück zum Ausgangspunkt.

Blick von Malcesine auf die steilen Felsabbrüche des Montecastello.

25 Monte Denervo, 1459 m, und Cima Comer

Auf einen interessanten Zwillingsgipfel mit großartiger Aussicht

Sasso bzw. Hochtal von Briano – Monte Denervo – Cima Comer und zurück (evtl. auch von Muslone aus)

Weidende Schafe auf den Almwiesen des Monte Denervo.

Talort: Gargnano, 98 m; reizvoller, sich mit zahlreichen Ortsteilen den Hang hinaufziehender Erholungsort mit Hotels, Restaurants und Bars.
Ausgangspunkte: Sasso, 546 m; kleiner Ort oberhalb von Gargnano mit abseits gelegener Kirche San Antonio. Anfahrt von Gargnano über die kurvenreiche Straße Richtung Valvestino, Abzweigung kurz vor Navazzo nach rechts, 10 km. Bzw. das Valle Briano auf der Südwestseite des Monte Denervo. Anfahrt über Gargnano, Liano und Formaga; an der Bocchetta San Liano rechts und nach Ende der Asphaltstraße weiter auf gut befahrbarer Sandstraße bis zum Rif. Gruppo Alpini di Gargnano (privat), 15 km von Gargnano. (Bzw. Muslone, 7,5 km von Gargnano.)
Parkmöglichkeiten: Kleiner Parkplatz am Ortseingang von Sasso bzw. entlang der Straße im Valle Briano.
Gehzeiten: Anstieg von Sasso ins Valle Briano 1 Std.; von dort Anstieg auf den Monte Denervo 1½ Std., Übergang zur Cima Comer ½ Std., Abstieg ins Valle Briano ¾ Std.; insgesamt: 3¾ Std. bzw. 2¾ Std. (Anstieg von Muslone 3 Std., Abstieg 2 Std.; insgesamt: 5 Std.)
Anforderungen: Alle Anstiege erfolgen überwiegend auf schmalen, aber gut begehbaren Bergsteigen; auf dem Gipfel des Monte Denervo weglos. Der Anstieg von Sasso führt zuerst entlang einer Mulattiera, geht dann jedoch in einen schmalen Bergweg über.
Höchste Punkte: Monte Denervo, 1459 m, und Cima Comer, 1279 m.
Einkehrmöglichkeiten: Trattoria „le Fontane“ in Briano, 700 m nach dem Ausgangspunkt beim Rif. Alpini. Bar in Sasso, Trattoria in Liano.
Sehenswertes: Die reizvollen kleinen Orte Sasso, Liano und Navazzo.

Der Anstieg von Sasso: Auf dem rot bezeichneten Weg Nr. 31 ziemlich eben Richtung San Valentino (siehe Tour 22), dann nach einer halben Stunde Gehzeit Abzweigung nach links Richtung Cima Comer. Bei der Abzweigung rechts und in einer halben Stunde hinauf zum Gipfel der Cima Comer.
Der Anstieg aus dem Hochtal von Briano auf den Monte Denervo: Vom Parkplatz an der Straße gehen wir rechts auf markiertem Steig (rot-weiß) zuerst rechts am Rifugio vorbei; nach wenigen Minuten Abzweigung nach rechts, und gleich wieder nach links. Nun eine halbe Stunde schattig bergan, sodann bei Wegverzweigung links weiter ansteigend zur Kammhöhe und auf den wenig ausgeprägten Gipfel des Monte Denervo.
Übergang zur Cima Comer und Rückkehr zum Ausgangspunkt: Von der Gipfelhochfläche auf dem schmalen Pfad zurück zur letzten Abzweigung (20 Min.), dann 15minütiger Anstieg in südlicher Richtung durch Wald zur Cima Comer. Für den Abstieg haben wir nun zwei Möglichkeiten: Entweder wir gehen auf dem Weg Nr. 31 hinab in Richtung Sasso, oder wir folgen unserem Herweg 50 Meter zurück und queren dann auf Variante hinab zum Anstiegsweg unterhalb, auf den wir nach 10 Minuten treffen. Auf ihm in 20 Minuten zurück zum Ausgangspunkt.

26 Malga Vesta di Cima, 1287 m

Abgeschiedene Wanderung oberhalb des Lago di Valvestino

Bollone – Passo di Vesta – Malga Vesta di Cima – Malga Vesta di Mezzo (evtl. Valle di Vesta – Corno dell'Era)

Talort: Gargnano, 98 m; siehe Seite 17.
Ausgangspunkt: Bollone, 822 m; Bergdorf im Val Selva am Westende des Lago di Valvestino. Anfahrt von Gargnano auf der Verbindungsstraße zum Lago d'Idro, Abzweigung nach Bollone nach 22,5 km, dann noch 4 km auf weiterhin asphaltierter Straße in weiten Kehren hinauf zum malerisch am Hang gelegenen Ort mit Kirche. Keine Übernachtungsmöglichkeit.
Parkmöglichkeiten: Kleiner Parkplatz vor dem Ortseingang.
Gehzeiten: Bollone–Malga Vesta di Cima 1¾ Std., Abstieg zur Malga Vesta di Mezzo ¾ Std., Weiterweg zum Corno dell'Era 2 Std., Rückweg 1¼ bis 4 Std. je nach zurückgelegtem Weg; insgesamt: 3 bis 8 Std. je nach Endziel.
Anforderungen: Wirtschaftswege bzw. Bergsteige; der Abstieg zum Corno dell'Era ist nicht leicht zu finden, das letzte Stück ist zudem etwas verwachsen. Der Rückweg entlang des Sees nach Bollone kann in keiner Weise empfohlen werden; der alte Weg ist an vielen Stellen abgerutscht und gefährlich (der eingetragene Weg in den Wanderkarten ist irreführend).
Höchster Punkt: Passo di Vesta, 1359 m.
Einkehrmöglichkeiten: Unterwegs keine. Trattoria in Bollone.
Sehenswertes: Das kleine Bergdörfchen Bollone mit seinen verwinkelten Ekken. Der Blick auf den künstlichen Lago di Valvestino.

Das abgelegene Dorf Bollone im Val Selva mit seinen reizvollen Häusern.

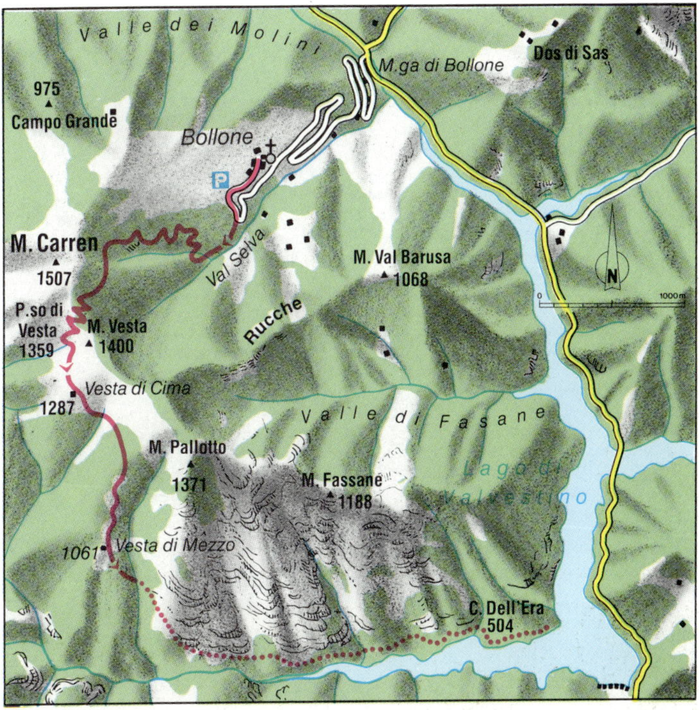

Die Route: Vom Parkplatz kurz vor Bollone 40 Meter zurück und rechts auf breitem Karrenweg (z. T. steil) durch die Ostflanke des Berges hoch. Nach einer Viertelstunde erreichen wir eine Quellfassung. An ihr vorbei um die Ecke, dann nach wenigen Minuten auf dem rechts abzweigenden Steig (weißer Pfeil) durch schattigen Wald in Serpentinen hinauf in den Passo di Vesta, 1359 m. Hier verlassen wir den Wald und folgen links einem Karrenweg, zuletzt über Almwiesen hinunter zur Malga Vesta di Cima. Falls wir uns den Abstieg zur Cima Vesta di Mezzo sparen wollen, ersteigen wir eine der umliegenden Kuppen, um die Aussicht zu genießen. Ansonsten folgen wir dem östlich abwärtsführenden, breiten Weg zur schön gelegenen unteren Alm, wobei wir bei der ersten Abzweigung rechts und bei der zweiten links gehen. Unten erwartet uns ein verfallendes Almgebäude und ein schöner Walnußbaum, die beide ein reizvolles Ambiente für eine Rast abgeben. **Die Rückkehr** erfolgt auf dem gleichen Weg.

27 Bocca Cocca, 1327 m

Tiefblick von Osten auf den Lago d'Idro

Moerna – le Fratte – Bocca Cocca und zurück

Talorte: Capovalle, 905 m; größter Ort an der Verbindungsstraße zwischen Gargnano am Gardasee und Crone am Lago d'Idro. Mehr oder weniger verstreut an den Osthang des Monte Stino gebaute Siedlung mit Kirche, Hotel, Restaurants, Bar und Tankstelle; auf 25 km langer, kurvenreicher Straße von Gargnano erreichbar. Bzw. Turano, 680 m; hübsches Bergdorf mit zwei Kirchen und Albergo im Valvestino; Zufahrt von der Verbindungsstraße, 3 km.
Ausgangspunkt: Moerna, 986 m; kleines reizvolles Bergdorf mit Dorfkirche und freistehender Kirche San Rocco in den Bergwiesen. Nach 4 km von Capovalle bzw. 5 km von Turano auf asphaltierter Straße erreichbar.
Parkmöglichkeiten: Parkplatz am westlichen Ende (am Friedhof) von Moerna.
Gehzeiten: Moerna–Bocca Cocca 1½ Std., Rückweg ¾ Std.; insgesamt: 2¼ Std.
Anforderungen: Breiter Wirtschaftsweg ohne jede Schwierigkeit. Auch für Ausflüge mit Kindern gut geeignet.
Höchster Punkt: Bocca Cocca, 1327m.
Einkehrmöglichkeiten: Unterwegs keine. Albergo in Turano bzw. mehrere Möglichkeiten in Capovalle.
Sehenswertes: Reizvoller Tiefblick auf den Lago d'Idro. Die pittoresken Bergdörfer des Valvestino, die erst sehr spät (in den fünfziger Jahren dieses Jahrhunderts) an das allgemeine Straßennetz angeschlossen wurden und deshalb ihre Ursprünglichkeit bewahrt haben.

Das Valvestino gehört sicherlich zu den ruhigsten Gebiete im Hinterland des Gardasees. Doch wenn auch auf zahlreichen Informationstafeln be-

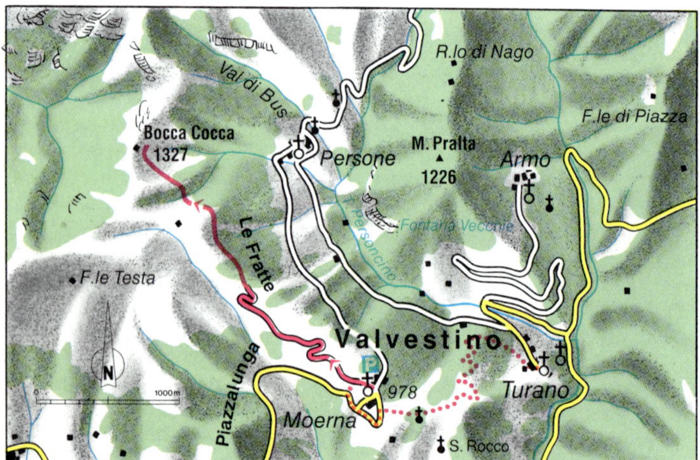

Die auf freier Flur stehende Kirche San Rocco bei Moerna.

reits vor Ort für die zahlreichen touristischen Möglichkeiten geworben wird, so dürfte die Zahl der Wander-Begegnungen dort oben eher gering sein. Obwohl der Idrosee ganz bequem mit dem Auto erreicht werden kann, bietet der Blick auf diesen von weit oberhalb doch einen besonderen Reiz. Und diesem Reiz können wir uns aussetzen, wenn wir den bequemen Wirtschaftsweg von Moerna nehmen, der uns zur Bocca Cocca leitet und uns dann mit einem überraschenden Blick tief hinab auf den See belohnt.

Von Moerna zur Bocca Cocca: Vom Parkplatz beim Friedhof auf der Südwestseite des Ortes gehen wir auf Wirtschaftsweg in westlicher Richtung bequem ansteigend höher. Nach einer Dreiviertelstunde verzweigt sich der Weg, wobei wir den rechten Abzweiger nehmen. Nun nahezu eben durch Wald (le Fratte), dann durch freier werdendes Gelände allmählich höher durch die Nordostflanke des Monte Stino. Zuletzt über ein steileres Stück hinauf zur Bocca Cocca. Dort durch einen Felseinschnitt auf die andere Seite und ein kurzes Stück hinab, wo wir einen idealen Platz zum Rasten finden und einen herrlichen Blick auf den Idrosee genießen können.

Die Rückkehr erfolgt auf dem Anstiegsweg.

28 Monte Stino, 1467 m

Rundtour an einem geschichtsbeladenen Berg

Capovalle – Zumie – Monte Stino – Val Sassa – Val di Neve – Mandoal – Zumie – Capovalle

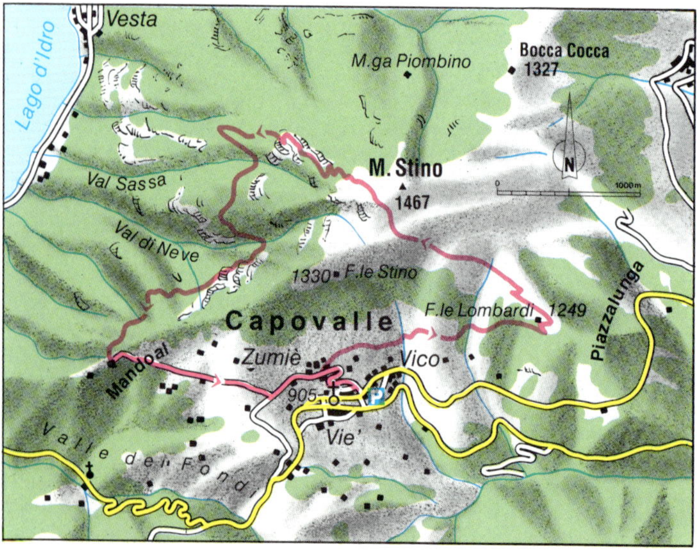

Talort: Capovalle, 905 m; größter Ort an der Verbindungsstraße zwischen Gargnano am Gardasee und Crone am Lago d'Idro. Mehr oder weniger verstreut an den Osthang des Monte Stino gebauter Ort mit Kirche, Hotel, Restaurants, Bar und Tankstelle; von Gargnano auf kurvenreicher Straße erreichbar, 25 km.
Ausgangspunkt: Ortsmitte von Capovalle bzw. der reizvolle Ortsteil Zumie hangaufwärts vom Ortszentrum.
Parkmöglichkeiten: Parkplätze im Ort.
Gehzeiten: Anstieg auf den Monte Stino bis zur Gedächtnisstätte 1½ Std., Abstieg und Rückkehr auf der Westseite des Monte Stino 2 Std.; insgesamt: 3½ Std.

Anforderungen: Der Anstieg erfolgt auf breiter Sandstraße, der Abstieg nach Westen auf Bergsteig bis zum querführenden Wirtschaftsweg, der dann nahezu eben zurück nach Capovalle führt; das letzte Stück auf befestigter Fahrstraße.
Höchster Punkt: Monte Stino, 1467 m.
Einkehrmöglichkeiten: Unterwegs keine. Bars und Restaurants in Capovalle.
Sehenswertes: Tiefblick auf den Lago d'Idro sowie die umfangreiche Gedenkstätte (Kapelle) mit Schützengräben, Stollen und kleinem Museum (Museo reperti storici guerra) auf der Hochfläche des Monte Stino zur Erinnerung an den Ersten Weltkrieg.

Wie kaum noch bekannt, grenzte das österreichische Kaiserreich bis 1918/19 südlich von Riva und quer durch die westlichen Gardaseeberge an die Italienische Republik. Auch hier hat man einige der am heißesten umkämpften Gebiete des Ersten Weltkrieges mit Gedenkstätten bedacht. Neben einer Kriegergedächtniskapelle finden wir auf dem Monte Stino sogar ein kleines Museum. Wenngleich die leidvolle Geschichte dieser Gegend den Menschen von heute „kalt" lassen mag, beim Anblick der Überreste auf diesem Berg kann zumindest erahnt werden, welche Bedeutung diese Erfahrung für die Teilnehmer dieses Krieges gehabt haben mag.
Der Rundweg: An der Kirche von Capovalle vorbei und hinauf zum Ortsteil Zumie, wo wir der Ausschilderung zum Monte Stino folgen. Zuerst auf asphaltierter Fahrstraße, dann auf unbefestigtem Fahrweg durch die baumlose Bergflanke hinauf zur Chiesetta alpina. Von dort noch 10 Minuten auf der Hochfläche Richtung Westen bis zum Freilichtmuseum. Für den Abstieg Richtung Lago d'Idro nehmen wir den Pfad (Mark.-Nr. 456, rot, Piazza Mandoal), der uns zuerst steil über eine baumdurchsetzte Bergflanke, dann durch Wald hinab auf einen querführenden Wirtschaftsweg bringt. Auf ihm dann links nahezu eben, noch weit oberhalb des Idrosees, durch die weiten Hochtäler Val Sassa und Val di Neve, zum Weiler Mandoal, mit Aussichtspunkt und Parkplatz (1¾ Std.). Auf der schmalen Fahrstraße bequem und abwechslungsreich zurück Richtung Osten nach Capovalle.

Das Dorf Capovalle am Fuß des Monte Stino.

29 Rifugio Alpo – Cima Tombea, 1950m

Abwechslungsreicher Aufstieg in den westlichen Gardaseebergen

Bondone – Rif. Alpo – Dos da Fa – Bocca di Caplone – Malga Ombea – Cima Tombea

Talort: Bondone, 693 m; kleiner, reizvoller Ort mit Kirche oberhalb der Talebene des Fiume Chiese. Von Storo zuerst eben bis Baitoni inferior, dann auf gut ausgebauter Straße in steilen Kehren hinauf zum Ort, 8 km.
Ausgangspunkt: Bondone, falls die weitere Anfahrt vermieden werden soll, bzw. Rif. Alpo auf 1500 Meter Höhe in aussichtsreicher Lage an den Südwesthängen der Cima Spessa. Anfahrt von Bondone auf schmaler, asphaltierter Straße bis zum Rifugio, 6,5 km.
Parkmöglichkeiten: Parkplatz am Ortseingang von Bondone; nur wenige Stellplätze beim Rif. Alpo.
Gehzeiten: Bondone–Rif. Alpo 2 Std., Rif. Alpo–Cima Tombea 2½ Std., Abstieg zum Rif. Alpo 1½ Std. bzw. nach Bondone 1½ Std. länger; insgesamt: 7 Std. (von Bondone) bzw. 3½ Std. (vom Rif. Alpo).
Anforderungen: Von Bondone bis zum Rif. Alpo Fahrstraße, vom Rif. Alpo bis zur Malga Ombea zu Beginn breiter, dann schmaler werdender Wirtschaftsweg; der Gipfelanstieg verläuft durch wegloses Gelände. Leichte Wanderung.
Höchster Punkt: Cima Tombea, 1950 m.
Einkehrmöglichkeiten: Rifugio Alpo, 1500 m (von Juni bis Ende September täglich, dann bis 1. November nur noch an Wochenenden bew.; 25 Lager).
Sehenswertes: Umfassender Gipfelrundblick. Der reizvolle Ort Bondone.

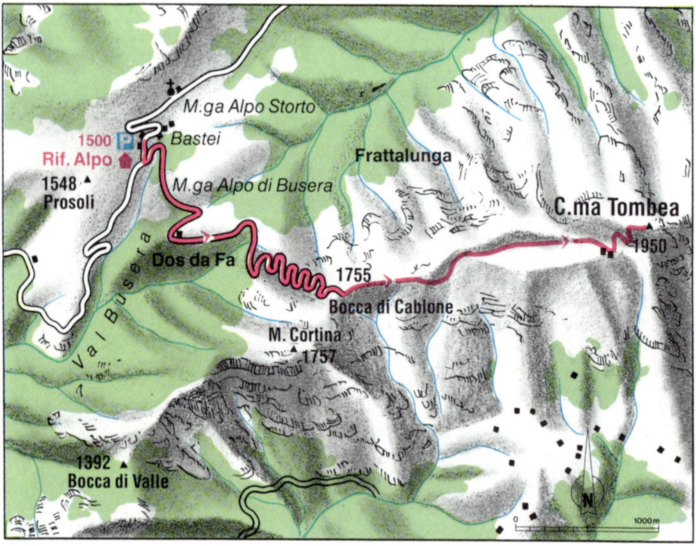

Abendstimmung am Rifugio Alpo, oberhalb von Bondone.

Der Anstieg: Von Bondone auf der asphaltierten, schmalen Bergstraße hinauf zum frei am Berghang gelegenen Rif. Alpo. Unterwegs bieten sich ein paar Anstiegsvarianten; z.B. können wir nach knapp 2 km links die Straßenabzweigung zu den Almen von Casali hochgehen, wo ein Steig unseren Weg etwas verkürzt. Falls wir erst nach der Rückkehr vom Gipfel einkehren wollen, gehen wir gleich bei der Wegverzweigung 200 Meter unterhalb des Rif. Alpo nach rechts und folgen dem markierten und beschilderten Weg (Mark.-Nr. 444, rot) zuerst in nordöstlicher, dann südöstlicher Richtung. – Wir wechseln dann die Talseite des Val Busera und queren nahezu eben hinüber zum Bergrücken Dos da Fa (links zweigt der Weg zur Malga Alpo di Bondone ab). Durch Alm- und Waldgelände wandern wir nun auf die steile Bergflanke zu, die von der Cima Tombea in südwestlicher Richtung herunterzieht. Von ihrem Fuß in zahlreichen steilen Serpentinen hinauf zur Bocca di Caplone, 1755 m. Auf dem nun wieder breiten Weg in leichter Steigung auf der Südseite der Cima Tombea zur Malga Ombea. Nun entweder ein Stück vor der Alm oder bei dieser pfadlos in nordöstlicher bzw. nördlicher Richtung in einer Viertelstunde auf den freien Gipfel.
Die Rückkehr erfolgt auf dem Anstiegsweg.

30 Monte Caplone, 1976 m

Auf alten Kriegspfaden durch eine wilde Berglandschaft

Rif. Cima Rest – Malga Alvezza – Bocca di Campei – Monte Caplone – Malga Ombea – Bocca di Caplone – Selva dal Ponte – Rif. Cima Rest

Talort: Magasa, 981 m; kleiner ursprünglicher Ort im oberen Valvestino am steilen Ostabfall der Weideflächen von Denai mit Kirche und Gasthaus.

Ausgangspunkt: Rifugio Cima Rest, 1210 m, bzw. die Kapelle am Straßenrand bei Erreichen der Hochfläche. Anfahrt von Magasa auf schmaler asphaltierter, jedoch aussichtsreicher Fahrstraße, 3 km.

Parkmöglichkeiten: Kleiner Parkplatz beim Rif. Cima Rest bzw. an der Straße.

Gehzeiten: Rif. Cima Rest–Monte Caplone 2½ Std., Rückweg über Bocca di Caplone 2½ Std.; insgesamt: 5 Std.

Anforderungen: Der Abstieg erfolgt zuerst auf breitem Wirtschaftsweg, dann auf Bergsteig bis in die Nähe der Malga Ombea; den Weiterweg bis an den Fuß des Caplone legen wir auf altem Kriegsweg zurück, der Gipfelanstieg erfolgt dann wieder auf schmalem Bergsteig, jedoch ohne Probleme. Der Rückweg über die Malga Ombea und die Bocca Caplone verläuft auf breitem Wirtschaftsweg.

Höchster Punkt: Monte Caplone, 1976 m.

Einkehrmöglichkeiten: Unterwegs keine. Rif. Cima Rest am Ausgangspunkt (einfach bew.); Albergo Tombea in Magasa.

Sehenswertes: Phantastische Ausblicke vom Gipfel des Monte Caplone. Die reizvollen Dörfer des oberen Valvestino.

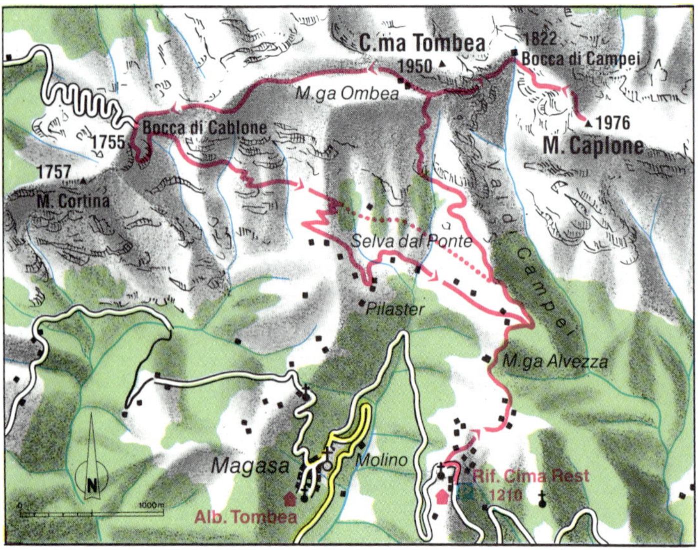

Die alte Kirche San Giovanni Battista unterhalb von Turano im Valvestino.

Die Rundtour: Vom Parkplatz beim Rif. Cima Rest links ein Stück die Straße Richtung Musaga zurück, dann rechts durch die Wiesen auf breitem, befestigtem Wirtschaftsweg Richtung Monte Caplone. An zahlreichen Almen im Auf und Ab vorbei bis zur Waldgrenze (¾ Std.). Dann links weg vom Fahrweg auf rot-weiß markiertem Steig, der sich zuerst durch etwas verwachsene Almwiesen, dann durch Wald hindurchschlängelt. Zuletzt über Serpentinen durch schrofiges Gelände hinauf zu den Almwiesen oberhalb. Nach Passieren einer Viehtränke treffen wir auf eine breite Almstraße, der wir in nordöstlicher Richtung eine Viertelstunde folgen. Dann rechts auf den alten Kriegssteig (markiert) und leicht fallend um die nun vor uns aufragenden Felsen herum, durch einen Felstunnel und hinauf zur Bocca di Campei, 1822 m, auf der Westseite des Caplone. Von ihr führt rechts ein steiler Pfad hinauf zum Gipfel, dessen höchster Punkt nur mit einem eisernen Vermessungstriangel versehen ist. – Nun zurück auf dem Anstiegsweg bis zur Einmündung des Steiges von der Cima Rest; dann jedoch geradeaus weiter zur Malga Ombrea (½ Stunde vom Gipfel des Caplone). (Von hier kann die Cima Tombea pfadlos über die freien Hänge erstiegen werden.) Der breite Almweg führt an zahlreichen Kriegsunterständen vorbei zuerst eben, dann leicht fallend zur Bocca Caplone. An der Bocca schöner Blick hinunter zum Rif. Alpo und zum Idrosee. Nun jedoch vor der Bocca links auf Fahrweg in weiten Kehren hinunter bis zum Beginn der Denai-Almfläche; dort links auf Verbindungsweg durch Wald und Almgelände (Selva dal Ponte), wo wir oberhalb der Malga Alvezza auf den vom Rif. Cima Rest herauffführenden Weg stoßen. Auf ihm zurück zum Ausgangspunkt.

31 San Michele

Beschauliche Talwanderung an den Fuß des Monte Tremalzo

Polzone di fuori – Spiazzi – San Michele – Malga Pra delle Noci

Talort: Vesio, 546 m; am oberen Ende des scharf eingeschnittenen Valle Brasa amphitheatrisch an den Hang gebautes Dorf mit Kirche, Hotel, Albergo, Ristorante und Tankstelle. Von Riva über Limone (Abzweigung) nach 18 km Anfahrt auf z. T. steiler Gebirgsstraße erreichbar.
Ausgangspunkt: Straßenabzweigung auf der kleinen Hochebene Polzone di fuori. Anfahrt von Vesio auf asphaltierter Straße, 2 km; bzw. von Tignale über kurvenreiche, schmale Straße.
Parkmöglichkeiten: Kleiner Parkplatz etwa 500 Meter nach Beginn der schmalen Sandstraße Richtung San Michele. Obwohl die Straße nicht gesperrt ist, sollte auf eine Weiterfahrt bis zur Kapelle verzichtet werden. Wenig Ausweichmöglichkeiten.
Gehzeiten: Nach San Michele 1 Std., Weiterweg bis zur Malga Pra delle Noci 40 Min., Rückweg 1¾ Std. ; insgesamt: etwa 3½ Std.
Anforderungen: Überwiegend Sandstraße, zuletzt Wirtschaftsweg. Ausflug auch für Familien mit Kindern geeignet. Nahezu ebene Wanderung.
Höchster Punkt: Malga Pra delle Noci, 688 m.
Einkehrmöglichkeiten: Unterwegs keine. Bars und Restaurants in Vesio und in Pieve di Tremosine.
Sehenswertes: Die verfallende Kapelle San Michele aus dem Jahr 1679. Bemerkenswert die räumliche Verbindung mit einem Viehstall im Kellergeschoß: Der Keller für die tierischen und das Parterre für die menschlichen Schäflein. Leider ist uns nur ein Blick durch die Ritzen gestattet. – Schöne Picknickplätze in den Almwiesen am Talende.

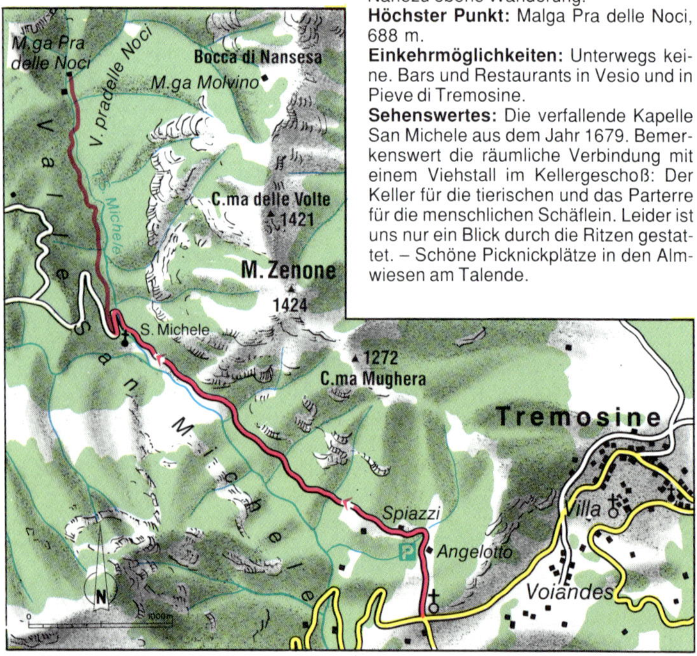

Die Kirche San Bartolomeo in Vesio, auf der Hochebene von Tremosine.

Die Route: Vom Parkplatz am Taleingang des Valle San Michele wandern wir auf der schmalen Sandstraße bequem talein. Hoch über dem tiefeingeschnittenen Bachbett des Torre San Michele zuerst eben, dann leicht fallend in das immer enger werdende Hochtal. Links sehen wir den felsigen Bergkamm der Cima di Tignalga, etwas später dann die Cima di Berlinghera und die Vorposten des Tremalzomassivs–Tacchetto Basso und Corno della Marogna. Nach einer knappen Stunde Gehzeit treffen wir auf eine kleine Talsperre mit einigen Häusern. Links oben auf einem Kammvorsprung thront die allmählich verfallende Kapelle, der wir einen Besuch abstatten können. (Nach der Brücke 150 m rechts weiter, bis die Felsen auf der linken Seite enden. Dort führt links ein schmaler Steig in Serpentinen hoch; auf dem Kamm dann wieder links zur Kapelle.) Um zum Talende zu gelangen, folgen wir dem breiten Wirtschaftsweg. Nach 300 Metern Wegverzweigung (links führt die Straße zum Tremalzopaß). Wir gehen rechts weiter (Ausschilderung „Prà delle Noci“). Nach einer halben Stunde ab Talsperre endet die Fahrstraße; dort rechts über das Brückerl, dann links an diesem entlang weiter auf dicht mit Buschwerk gesäumtem Weg. Nach etwa 10 Minuten sehen wir bereits die schön gelegenen Almen. Nun über den Bach und hinüber zu den Gebäuden, wo uns ein idealer Brotzeitplatz erwartet. Über uns sehen wir links die Felsen der Cima Bussa und des Corno della Marogna.
Die Rückkehr erfolgt auf dem selben Weg.

32 Rifugio Passo Nota, 1324 m

Leichte Wanderung durch ein waldreiches Hochtal

Vesio – Segate – Val di Bondo – Passo Nota – Rif. Passo Nota

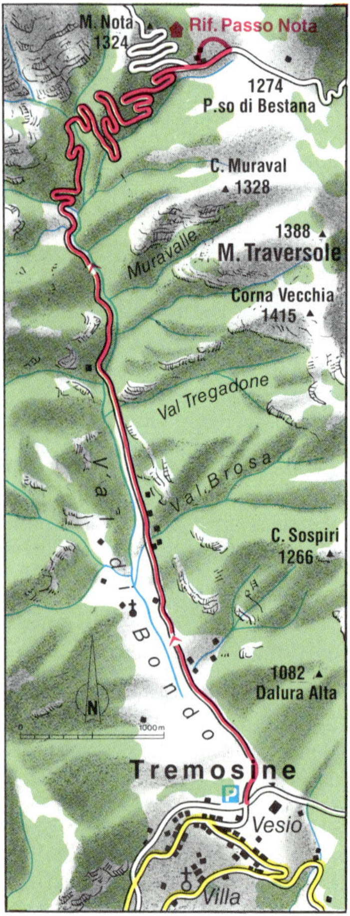

Talort: Vesio, 546 m; am oberen Ende des scharf eingeschnittenen Valle Brasa amphitheatrisch an den Hang gebautes Dorf mit Kirche, Hotel, Albergo, Ristorante und Tankstelle. Von Riva über Limone (Abweigung) nach 18 km Anfahrt auf z. T. steiler Gebirgsstraße erreichbar.
Ausgangspunkt: Ortszentrum von Vesio bzw. Beginn der Fahrstraße ins Val di Bondo, nördlich oberhalb des Ortes.
Parkmöglichkeiten: Parkplätze im Ortszentrum von Vesio bzw. entlang der Fahrstraße ins Val di Bondo.
Gehzeiten: Vesio–Rif. Passo Nota 3½ Std., Rückweg 2½ Std.; insgesamt: 6 Std.
Anforderungen: Ausschließlich breite, gut begehbare Fahrstraße bis auf die Paßhöhe.
Höchster Punkt: Cima Bandiera, 1361 m, dem Passo Nota am nächsten liegender Aussichtspunkt.
Einkehrmöglichkeiten: Rif. Passo Nota, 1324 m (unbew. Selbstversorgerhütte auf dem Passo Nota). Bars und Restaurants in Vesio.
Sehenswertes: Aussicht auf Monte Carone und Lago di Ledro.

Glaubt man manchen Reiseführern, so ist der Passo Nota eine Zwischenstation auf der Autofahrt von Tremosine zum bekannten Ausflugsberg Monte Tremalzo. Auch wenn sich zu Beginn der Straße ein Wegweiser findet, sollte man diese Strecke jedoch nicht nur dem Auto zuliebe den Mountainbikern und den Wanderern überlassen.

Die Route: Vom Ortszentrum von Vesio (Piazza Vittorio Veneto) starten wir Richtung Osten und gehen auf der asphaltierten Straße links hoch, wobei wir der Ausschilderung Passo Tremalzo folgen. Im Bogen hinauf bis zu einer Wegkreuzung mit Baumbestand. Hier leicht links weiter (nicht rechts zum Agroturismo), wo wir der breiten Straße folgen, die sich nun sanft ins anfänglich breite Val di Bondo senkt. An Ackerflächen und an den Gebäuden von Segate vorbei, bis sich nach etwa einer Stunde Gehzeit das Tal immer mehr verengt. Links und rechts sehen wir tief eingeschnittene Hochtäler. Der Weg wird nun schattiger und bis zum Talende begleitet uns nun ein breiter Bach. Dort angekommen, windet sich die Paßstraße dann in zahlreichen Kehren bis zum Passo Nota hoch (sie setzt sich dann oben in westlicher Richtung zum Tremalzopaß fort). Auf dem breiten, nur spärlich mit Bäumen bewachsenen Paß erwartet uns dann ein unbewirtschaftetes Rifugio und eine herrliche Aussicht hinunter auf den Ledrosee und Richtung Osten, wobei wir aber der besseren Sicht wegen auf die umliegenden Buckel steigen müssen.

Der Abstieg: Wir gehen entweder auf der Paßstraße zurück zum Ausgangspunkt oder wir nehmen den breiten Höhenweg (Mark.-Nr. 121/106), der vom Rifugio Passo Nota nahezu eben und mit großartiger Aussicht hoch über dem Val di Bondo Richtung Süden verläuft. Vorbei an Monte Traversole, Corno vecchia und Corno nero gelangen wir an das Ende des langen Kammes, dort steigen wir in weiten Serpentinen hinab zum Taleingang des Val di Bondo und gelangen so zurück zum Ausgangspunkt.

Auf den Almwiesen des Passo Nota; im Hintergrund der Monte Altissimo.

33 Malga Dalco, 886 m

Zu den Resten einer verfallenden Almkultur oberhalb von Limone

Limone – la Milanesa – Val Singol – Malga Dalco – Malga Degà – Valle Pura – Campaldo – San Pietro – Limone

Talort: Limone sul Garda, 66 m; der Ort teilt sich in zwei nahezu getrennte Hälften: in das ehemalige Fischerdorf direkt am See mit seinen malerischen Winkeln, sowie das „moderne" Limone oberhalb der Gardasana occidentale mit seinen großen Hotels und Appartementssiedlungen.
Ausgangspunkt: Ortsmitte von Limone.
Parkmöglichkeiten: Großer, gebührenpflichtiger Parkplatz am Hafen von Limone bzw. in der neuen Siedlung oberhalb der Hauptstraße.
Gehzeiten: Limone–Malga Dalco 2½ Std., Malga Dalco–Val di Pura–Limone 2½ Std.; insgesamt: 5 Std.
Anforderungen: Zu Beginn breite Mulattiera, der Anstieg zur Malga Dalco erfolgt auf steilem, aber ungefährlichem Steig; der Rückweg durch die Val di Pura erfordert Trittsicherheit und Schwindelfreiheit (wer sich in dieser Hinsicht nicht sicher fühlt, steigt besser auf dem Anstiegsweg bzw. auf dem parallel führenden Steig westlich der Malga Dalco hinab ins Val Singol.
Höchster Punkt: Malga Degà, 904 m.
Einkehrmöglichkeiten: Unterwegs keine; am Beginn des Anstiegswegs befindet sich das Restaurant „la Milanesa".
Sehenswertes: Blick auf Limone und den Gardasee.

Von Limone auf die Malga Dalco: Von der Ortsmitte gehen wir durch die schmalen Gassen hinauf zur Kirche und zur querführenden Gardesana. Dort, gegenüber der Kirche, auf Asphaltstraße in Richtung Val Singol, wobei wir zuerst durch die Via Caldogno, dann in die Via Molino gehen. Nach

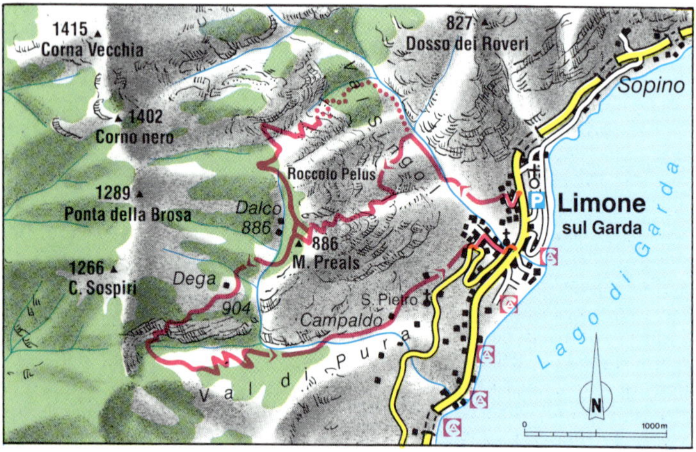

Limone auf der Westseite des Gardasees mit dem Monte Bestone.

20 Minuten Anstieg in westlicher Richtung erreichen wir die Bar „la Milanesa". Vor dem Haus links, dann über den Bach. Auf gepflastertem Maultierweg nun durch das Val Singol, bis wir nach etwa einer halben Stunde bei einer großen Sandreise auf den Bergsteig Richtung Malga Dalco treffen. Hier links steil hoch (Mark.-Nr. 111) durch Wald, bis wir aus diesem wieder heraustreten und den ersten Blick auf Limone genießen können. Der Steig führt abwechslungsreich in Serpentinen durch die steile Bergflanke hinauf zur Alm, die sich in einer baumbestandenen Senke befindet.
Der Rückweg: Noch vor dem verfallenden Almgebäude verzweigt sich der Weg. Wir folgen dem nach links führenden breiten Pfad (Mark.-Nr. 110), der uns, vorbei an der Malga Degà, 904 m, auf den Abstiegsweg Richtung Limone bringt. Nach 20 Minuten von der Wegverzweigung haben wir den höchsten Punkt erreicht, ca. 930 m. Hier verzweigt sich erneut unser Weg: Wir lassen uns nun vom Weg Nr. 14 bzw. 109 abwärts leiten, wobei wir eine steile Felsflanke durchqueren. Nach einer halben Stunde von der Malga Degà treffen wir auf einen Fahrweg. An seinem Beginn zweigt ein steiler Steig nach links ab (Mark.-Nr. 123), der uns durch das Val di Pura nach Limone bringt. Vom oberen Ortsende auf Fahrweg zur Bar „Campaldo". Von dort auf schmaler Straße links die Bergflanke entlang, vorbei an einem Kloster und durch Olivenhaine, dann bergab, bis wir auf die „Post" und eine kleine Ölmühle treffen. Dort rechts weiter und zurück zum Ausgangspunkt.

34 Monte Carone, 1621 m

Große Rundtour zu reizvollen Aussichtspunkten

Limone – Val Singol – Cima di Mughera – Passo Guil – Rif. Baita Segala Bonaventura (– Monte Carone) – Val Piana – Pre Malga Dalo – Limone

Talort: Limone sul Garda, 66 m; siehe Seite 17.
Ausgangspunkt: Ortsmitte von Limone.
Parkmöglichkeiten: Großer, gebührenpflichtiger Parkplatz am Hafen von Limone bzw. in der neuen Siedlung oberhalb der Hauptstraße.
Gehzeiten: Limone–Rif. Baita Segala 3½ Std.; Anstieg zum Monte Carone 1¼ Std., Abstieg nach Limone über die Val Piana 2½ Std.; insgesamt: 8 Std., ohne Gipfelanstieg 6 Std.

Anforderungen: Gut begehbare, aber zum Teil recht steile Wege und Pfade. Den Gipfelanstieg sollten – auch wegen der insgesamt benötigten Zeit – nur geübte Bergwanderer angehen.
Höchster Punkt: M. Carone, 1621 m.
Einkehrmöglichkeiten: Rif. Baita Segala, 1250 m (offene Selbstversorgerhütte, nicht bewartet, Getränkekasse).
Sehenswertes: Im Frühjahr zahllose Enziane im Val Singol. Der Tiefblick auf den Gardasee von der Cima di Mughera.

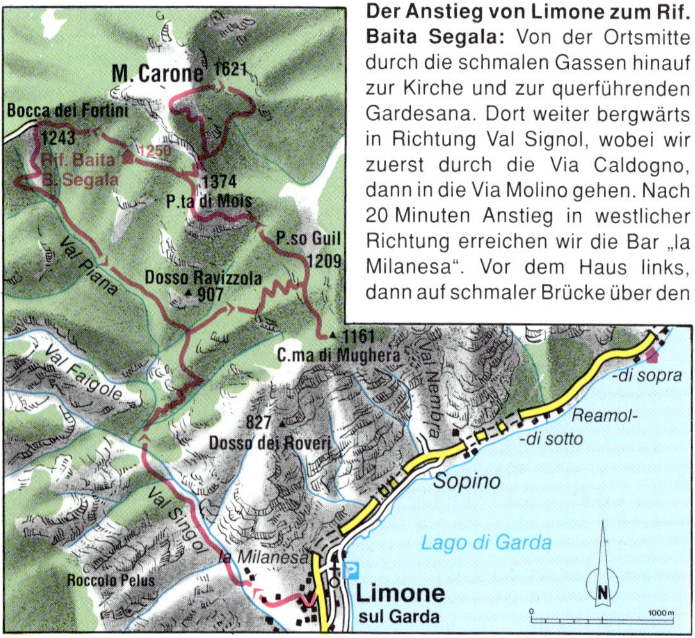

Der Anstieg von Limone zum Rif. Baita Segala: Von der Ortsmitte durch die schmalen Gassen hinauf zur Kirche und zur querführenden Gardesana. Dort weiter bergwärts in Richtung Val Signol, wobei wir zuerst durch die Via Caldogno, dann in die Via Molino gehen. Nach 20 Minuten Anstieg in westlicher Richtung erreichen wir die Bar „la Milanesa“. Vor dem Haus links, dann auf schmaler Brücke über den

Im Aufstieg durch das Val Singol zum Rifugio Baita Segala Bonaventura.

Bach. Auf gepflastertem Weg wandern wir nun zuerst sanft ansteigend hinauf ins Val Singol (Mark.-Nr. 101, rot). Nach knapp zwei Stunden zweigt unser Weg rechts ab. Auf z. T. steilem Bergpfad nun in Serpentinen durch Kiefern- und Strauchwald hoch zu weiterer Verzweigung (1 Std.). Hier kurzer Abstecher nach rechts zum Aussichtspunkt Cima di Mughera. Bei der Wegverzweigung links weiter Richtung Passo Guil, den wir allerdings rechts liegen lassen. Kurz vor ihm weisen links Schilder zur Bocca dei Fortini, denen wir nun auf breitem, ebenem Weg folgen (Mark.-Nr. 421). Nach einer halben Stunde erreichen wir das am Südhang des Monte Carone gelegene Rifugio Baita Segala inmitten eines schönen Lärchenbestandes.

Anstieg auf den Monte Carone: Vom Rifugio wenige Minuten zurück auf dem Weg in Richtung Passo Guil, dann links hoch auf dem in den italienischen Farben markierten Steig „Sentiero Alpino Bertolatti Elio", der uns zuerst steil durch den schrofigen Südhang auf die Ostseite führt. Dort links und in zahlreichen Serpentinen durch buschiges Gelände zum Gipfel.

Der Abstieg nach Limone: Vom Rifugio auf dem breiten Weg weiter westwärts, vorbei an Unterstandshütte und schönem Rastplatz, zur Bocca dei Fortini, 1242 m. Von dort führt uns links ein steiler Steig (Mark.-Nr. 120) durch Gebüsch hinunter ins Val Piana. Nach einer knappen Gehstunde von der Bocca gehen wir bei einer Abzweigung links. Vorbei an der Pre Malga Dalo, 769 m, auf breitem, gepflastertem Weg hinab nach Limone.

35 Monte Brione, 376 m

Rundweg über dem Sarcatal mit reizvollen Tiefblicken

Riva – Batteria di Mezzo – Monte Brione – San Alessandro – Riva

Talort: Riva, 73 m; siehe Seite 13.
Ausgangspunkt: Parkplatz am Jachthafen vor dem ersten Tunnel in Richtung Torbole, 1,5 km von Riva-Zentrum.
Parkmöglichkeit: In Riva und auf dem Großparkplatz am Jachthafen.
Gehzeiten: Für den Rundweg 2½ Std.
Anforderungen: Leichte Wanderwege.
Höchster Punkt: Funkstation, etwa 350 m.
Einkehrmöglichkeiten: Bar „Colombera“ in Brione, typisches Lokal mit rustikaler Atmosphäre in einem alten Gutshof.
Sehenswertes: Blick auf Arco, Torbole und den Gardasee. Alte Kriegsforts der Österreicher entlang des Weges.

Die Rundtour: Vom Parkplatz auf markiertem Weg, vor dem Rest des alten Forts, links hoch. Nach 20 Minuten, am steilen Felsabbruch entlang, erreichen wir das alte Fort Garda und bald danach die „Batteria di Mezzo“. Nun nicht Richtung Funkstation, sondern der Markierung folgend links hinunter, wo wir nach 10 Minuten auf die Fahrstraße treffen. Auf dieser rechts weiter, dann nach 100 Metern wieder rechts auf Sandweg leicht ansteigend bis zum Felsabbruch im Norden, der uns einen freien Blick auf das Sarcatal bietet. Ein kurzes Stück zurück, dann dem Wanderweg folgend rechts hin-

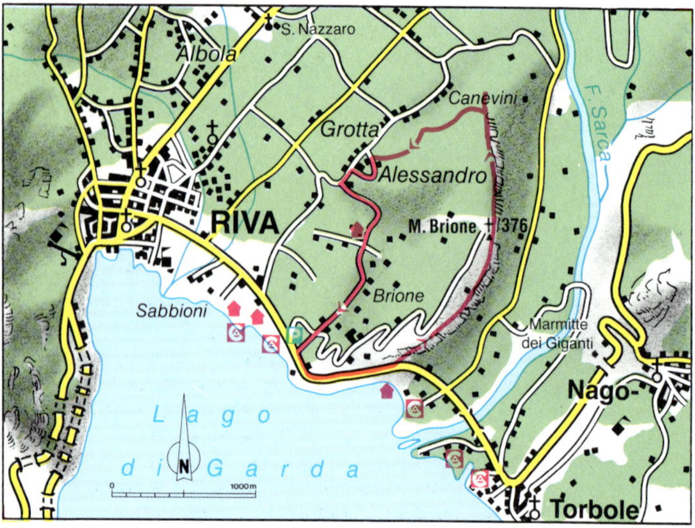

Blick über das Mündungstal der Sarca auf Monte Brione und Monte Rocchetta.

unter. Nach 10 Minuten weiterer Aussichtspunkt. Zurück zum Fahrweg, dann rechts der roten Markierung folgend auf Abkürzer. Vorbei an einer weiteren Festungsanlage auf schattigen Waldweg und weiter den Berg hinab. An einem Zaun gehen wir links, dann in Serpentinen hinunter nach San Alessandro. Nun geradeaus, durch Weingärten, bis zur Bar Colombera. In gleicher Richtung (links moderne Betonkirche) weiter, bis wir auf die Hauptstraße Torbole–Riva treffen, dann links zurück zum Parkplatz.

36 Malga Leano – Malga Cadrione

Weg der Almen und Pässe

Pré di Ledro – Malga Leano – Malga Cadrione und zurück nach Pré bzw. Passo Guil – Rif. Baita Segala – Bocca dei Fortini

Talort: Pré di Ledro, 501 m; kleiner, landschaftstypischer Ort unterhalb des Ledrosees, etwas abseits der Hauptstraße. Anfahrt über Riva und San Giacomo durch den neuen Tunnel ins Ledrotal (die alte Ponalestraße ist nicht mehr durchgängig befahrbar).
Ausgangspunkt/Parkmöglichkeit: Parkplatz im Ort sowie am Ortsrand. Der Weg beginnt am Südende des Ortes bei der Steinbrücke über den Ponale-Bach.
Gehzeiten: Pré–Malga Leano 1 Std., Rückweg über die Malga Cadrione 2½ Std.; große Runde: Malga Leano–Passo Guil 1½ Std., Passo Guil–Bocca dei Fortini ¾ Std., Abstieg zur Malga Cadrione ½ Std.; insgesamt: 3½ bzw. 5¼ Std.
Anforderungen: Breite, z.T. befestigte Wirtschaftswege auf der großen Runde; der Übergang von der Malga Leano zur Malga Cadrione besteht aus einer gut begehbaren Mulattiera; der Abstieg nach Pré ist steil, aber breit angelegt und mit einem Geländer gesichert.
Höchster Punkt: Rif. Baita Segala Bonaventura, 1250 m.
Einkehrmöglichkeit: Rif. Baita Segala Bonaventura (offene Selbstversorgerhütte, nicht bewartet, Getränkekasse).
Sehenswertes: Granitbrunnen in Pré di Ledro aus dem 16. Jh., neben der Kirche, der noch heute funktioniert.

Einige der zahlreichen Gebäude auf den weiten Almwiesen der Malga Leano.

Die kleine Runde: Auf der befestigten Almstraße in südöstlicher Richtung steil bergan zur Wegverzweigung „Madonna del bivio“. Dort links durch lichten Laubwald zur Almsiedlung Malga Leano (mehrere Steinhäuser mit kleiner Kirche). Kurz vor dem Almgelände Wegverzweigung. Wir gehen nun nach rechts auf breitem Sandweg höher, bis nach etwa 5 Minuten (beim letzten Haus) der Übergang zur Malga Cadrione abzweigt (Mark.-Nr. 16, gelb). Nun geradeaus hoch (nicht im Halbbogen um die Alm herum) und auf schön angelegtem Steig in weiten Serpentinen bis zum höchsten Punkt (1 Std.). Jenseits des Kammes durch dichten Wald nahezu eben in südwestlicher Richtung weiter zur Malga Cadrione, die wir nach 20 Minuten erreichen. Auf gepflasterten Almweg durch hohen Nadelwald nach Nordosten, dann steil durch eine Felsflanke auf gut angelegtem Steig (Eisengeländer) zur Abzweigung „Madonna del bivio" hinab. Nun links in 10 Minuten hinunter zum Ausgangspunkt.

Die große Runde: Von der Malga Leano links haltend bis ans Ende der Almwiesen, dann auf Almweg in Kehren durch Wald hinauf über die Malga Vil zum Passo Giul, 1209 m. Kurz abwärts und auf einem breiten Weg (Kriegsweg) nahezu eben Richtung Westen (Mark.-Nr. 421) zum Rif. Baita Segala. Auf breitem, ebenem Fahrweg weiter zur Bocca dei Fortini. Dort rechts hinab durch Wald zur Malga Cadrione. Weiter wie oben.

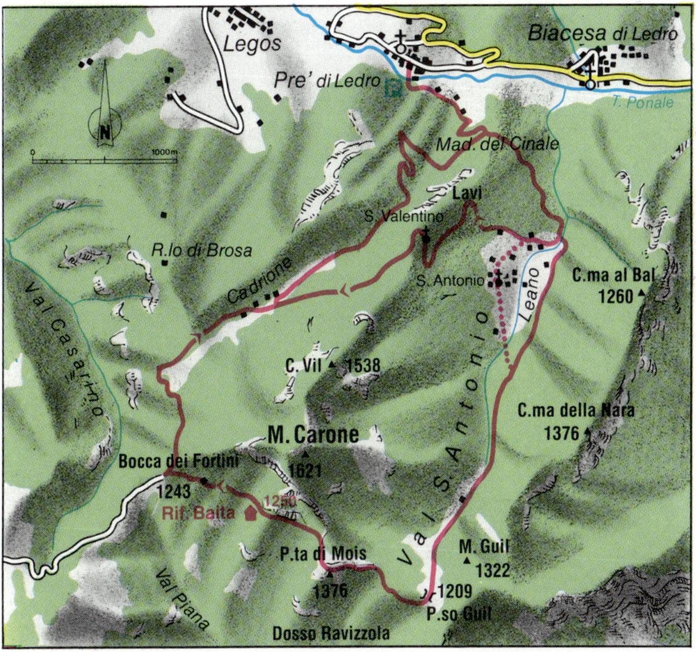

37 Cima Corno, 1731 m

Almrunde über dem Ledrosee mit Gipfelabschluß

Pian di Pur – Malga Giù – Cima Corno – Malga S. Martino – Pian di Pur

Talort: Molina di Ledro, 665 m; kleiner Ort am Ostende des Ledrosees mit Alberghi und Restaurants.
Ausgangspunkt: Pian di Pur, 669 m, auf der Südwestseite des Ledrosees. Anfahrt von Riva über Molina di Ledro auf Asphaltstraße (1,9 km ab Straßenabzweigung), dann links und noch 300 m bis zum Parkplatz.
Parkmöglichkeiten: In Pian di Pur oder bereits in Molina di Ledro, kurz nach der Straßenabzweigung.
Gehzeiten: Pian di Pur–Malga Giù 2 Std., Malga Giù–San Martino 1¼ Std.; Anstieg zum Monte Corno von der Wegverzweigung 1 Std., Abstieg von San Martino zur Pian di Pur 1½ Std.; insgesamt: 6–6½ Std. für die Rundtour.
Anforderungen: Wirtschaftswege und einfache Almverbindungswege; der Anstieg auf den Monte Corno erfolgt auf gut markiertem Steig, erfordert jedoch Trittsicherheit. Ohne Gipfelanstieg ist die Tour auch für Familien mit Kindern geeignet.
Höchster Punkt: Cima Corno, 1731 m.
Einkehrmöglichkeiten: Unterwegs keine. Alberghi, Restaurants und Bars in Pian di Pur.
Sehenswertes: Gipfelrundblick und Tiefblick auf den Ledrosee; die Malga Giù.

Der Ledrosee mit historischem Pfahlbau; im Hintergrund die Cima Corno.

Die Rundtour: Von Pian di Pur auf Sandstraße nahezu eben talein (Mark.-Nr. 419). Kurz vor der Malga Cita halten wir uns bei einer Wegverzweigung links. Wir folgen nun der Ausschilderung „Malga Giù" und „Chiesetta S. Ana Giù". Bei der Wegverzweigung weiter geradeaus. Vor dem Hauptgebäude rechts zum großen Stall und auf Almweg zur Cà de Mez und zur Chiesetta (zu besichtigen). Jenseits der Kapelle den Hang hinauf, bei der Verzweigung links, bis wir auf den großen Verbindungsweg treffen. Nun nahezu eben auf breitem Weg durch die Südostflanke der Cima Corno bis zu einer Wegverzweigung (½ Std.). Hier beginnt der Anstieg zur Cima Corno: Links steil hoch, dann auf der Nordseite des Gipfelaufbaus weiter durch Wald – nur mäßig ansteigend – bis zu einem Aussichtspunkt. Nach wenigen Minuten Wegverzweigung. Nun wieder etwas steiler links hoch bis an die Felsen des Gipfelaufbaus. Zuerst leicht absteigend, dann in Serpentinen hinauf, vor einer Felswand rechts und steil ansteigend bis zur Scharte zwischen der Cima Corno und der Cima Casèt. Dort rechts in 10 Minuten hinauf zum großen Gipfelkreuz. – Auf gleichem Weg zurück, dann links eben durch Wald zu kleiner Hütte. Bei den folgenden Verzweigungen rechts, wo wir bald die kleine Almkapelle S. Martino, 1226 m, erreichen. Hier rechts steil hinunter zu Almgelände, dann links weiter hinab durch Wald, bis zur befestigten Fahrstraße. Nach 40 Minuten erreichen wir eine querführende Straße, dort rechts weiter bis zum Ledrosee und zurück zum Parkplatz.

38 Tiarno di sotto – Rifugio Garda, 1708 m

Durch die Hintertür auf den Monte Tremalzo

Tiarno di sotto – Malga Casèt – Bocca di Val Marza – Rifugio Garda

Blick von Südosten ins Valle San Michele; im Hintergrund die Tremalzogruppe.

Talort: Tiarno di sotto, 720 m; ansehnlicher Ort im oberen Ledrotal mit Kirche, Albergo, Einkaufsmöglichkeiten und Tankstelle.
Ausgangspunkt/Parkmöglichkeit: Vor der Kirche Parkplatz im Ortszentrum von Tiarno di sotto. Anfahrt von Riva über San Giacomo und den Ledro-Tunnel.
Gehzeiten: Tiarno di sotto–Malga Casèt 3 Std., Malga Casèt–Rif. Garda 3 Std., Rückkehr auf dem gleichen Weg 3½ Std.; insgesamt: 9½ Std.
Anforderungen: Leichte Wander- und Wirtschaftswege. Abgesehen von der Anstiegsdauer keine Schwierigkeiten.
Höchster Punkt: Rif. Garda, 1708 m; evtl. Monte Tremalzo, 1974 m.
Einkehrmöglichkeiten: Rif. Garda (ganzjährig bew.), Rif. Ampola am Beginn der Fahrstraße zum Monte Tremalzo, falls über die Fahrstraße abgestiegen wird. Weitere Möglichkeiten in Tiarno di sotto.
Sehenswertes: Herrlicher Blick auf die westlichen Gardaseeberge und den Ledrosee. Interessante Flora am Weg.

Die Route: Vor der Kirche links weg auf schmaler Straße, dann gleich wieder links auf Verbindungsweg zur Hauptstraße; dort rechts und nach 150 m links auf die dort wegführende schmale Asphaltstraße („Sentiero Casèt"). Nun folgen wir dem rot-weiß bezeichneten Weg langsam aufwärts und halten uns dabei immer rechts. Nach einer Viertelstunde verzweigt sich bei einem Kleinbauern der Weg mehrfach. Wir nehmen den rechten, nun etwas steiler ansteigenden Weg. Nach einer weiteren Viertelstunde erreichen wir zwei alte Heustadel. Dort links auf den Höhenrücken und durch Wald weiter bergan. Wir halten uns immer auf dem breiten Weg, der sich dann aber allmählich stark verengt. Nach einer Gehstunde wird der Weg nahezu eben. Bald erreichen wir Schützengräben aus dem Ersten Weltkrieg an der Cima Vai. An ihnen rechts vorbei, bis wir auf einen vom Tal herauffführenden, breiten Weg stoßen. Nun links in Serpentinen hinauf bis knapp unter die Kammhöhe. Sanft ansteigend weiter durch die aussichtsreiche Südseite des Verbindungskammes zwischen Cima Casèt und Cima Vai bis zu den steilen Almflächen der Malga Casèt. Auf Wirtschaftsweg weiter in Richtung Tremalzo. Bald erreichen wir die Bocca Casèt (wo wir über die Malga Giù nach Pieve di Ledro absteigen könnten). Geradeaus weiter bis zum Felseinschnitt unterhalb des Corno Spazzato. Dort zweigt unser Weg links ab. Wir steigen etwas ab und queren die Nordostseite des Monte Tremalzo, dann wieder Anstieg bis zur Bocca di Val Marza, wo wir auf die breite Sandstraße treffen, die zum Rif. Garda führt. – Vom Rifugio evtl. in einer knappen halben Stunde noch auf den Monte Tremalzo.

Rückkehr: Auf dem Anstiegsweg. Oder per Autostop auf der Fahrstraße hinab ins Ampolatal; von dort auf der Fahrstraße evtl. mit Bus zurück nach Tiarno di sotto.

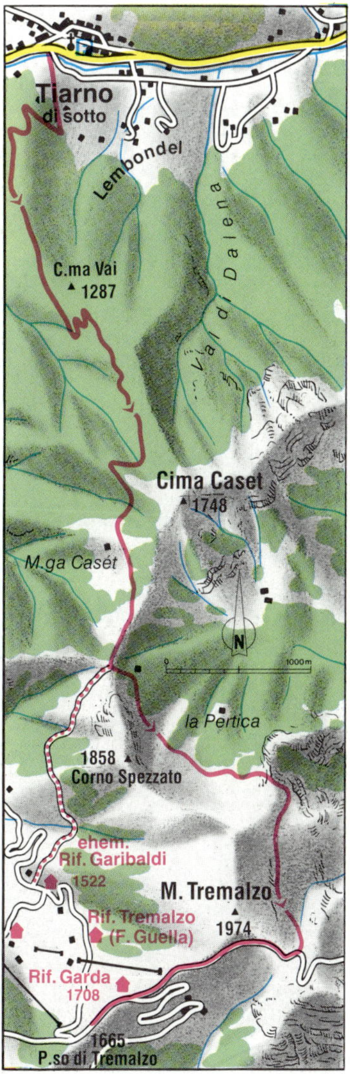

39 Pregasina – Cima di Mughera, 1161 m

Aussichtsbalkone über dem Gardasee

Pregasina – Val Palaer – Bocca dei Larici – Malga Palaer – Passo Rocchetta – Cima di Mughera und zurück

Talort: Riva, 73 m; bedeutendster Ort am Nordufer des Gardasees, Verwaltungszentrum mit wechselvoller Geschichte, mittelalterliche Burg im Ortszentrum.
Ausgangspunkt: Pregasina, 532 m; malerisch gelegenes Dorf auf einer Bergterrasse direkt über dem Gardasee mit kleiner Kirche, ein paar Alberghi und Bar. Anfahrt über die schmale und kurvenreiche Ponalestraße von Riva, 4 km. (Die Weiterfahrt ins Ledrotal ist nicht mehr möglich, d. h. auch die Zufahrt von dort ist nurmehr über den Ledrotunnel und über Riva zu bewerkstelligen.)
Parkmöglichkeiten: Kleiner Parkplatz an der Kirche am südlichen Ortsende.
Gehzeiten: Anstieg zur Cima di Mughera 2½ Std., Rückkehr nach Pregasina 1¾ Std.; insgesamt: 4¼–4½ Std.
Anforderungen: Breite Almwege, das letzte Stück Bergsteig. Unschwierige Wanderung, auch für Kinder geeignet.
Höchster Punkt: Cima di Mughera, 1161 m.

Einkehrmöglichkeiten: Unterwegs keine. Alberghi und Bar in Pregasina.
Sehenswertes: Das malerisch gelegene Pregasina sowie die beeindruckenden Tiefblicke auf den Gardasee auf dem letzten Teil des Weges.

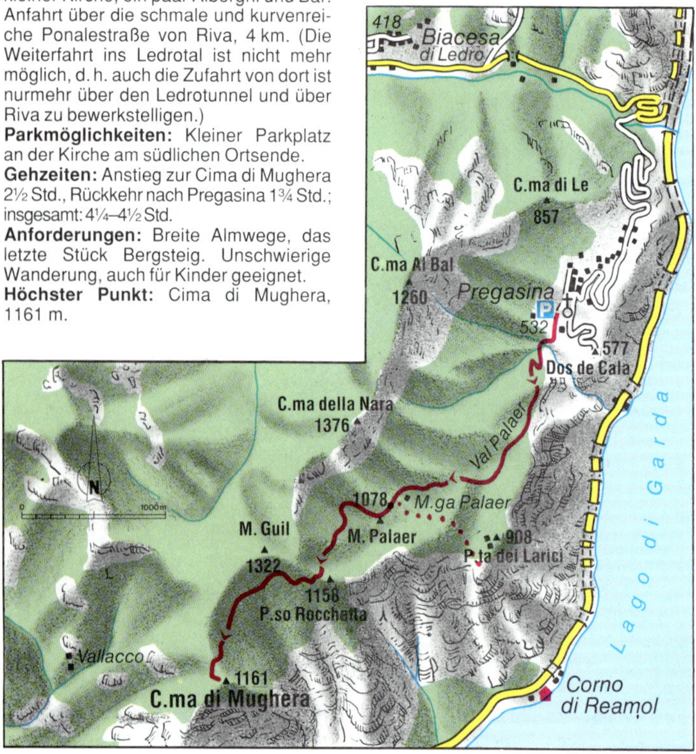

Im Herbst färben sich auch hier die Laubbäume goldgelb.

Die Route: Vom Parkplatz an der Kirche am oberen Ortsende gehen wir auf breitem Wirtschaftsweg Richtung Süden, wo wir nach 10 Minuten auf eine Schranke treffen. Unsere Route ist ausgeschildert (Mark.-Nr. 422) und es zeigt sich, daß wir hier oben noch weitere Wandermöglichkeiten im Angebot haben (Übergang zum Monte Tremalzo, Abstieg nach Limone oder zum Ledrosee). Zuerst weiter durch Wald, dann weg von der Abbruchkante im Halbbogen rechtshaltend hinein ins Val Palaer und hinauf zur verfallenden Malga Palaer. Kurz vor Erreichen derselben machen wir noch einen Abstecher auf schmalem Pfad nach links zur Punta dei Larici, 908 m, die uns einen hervorragenden Ausblick auf den tief unter uns liegenden See bietet. Dann zurück zur Bocca dei Larici und auf dem Hauptweg weiter zur Malga Palaer (der Fahrweg endet hier; 1¼ Std. von Pregasina). Wir gehen links der Alm weiter durch Wald, dann bei der Abzweigung rechts weiter steil bergan, und in weitem Linksbogen hinauf zum Passo Rocchetta, 1158 m, der sich durch ein gemauertes Hüttchen auszeichnet. Hier bietet sich ein weiterer phantastischer Tiefblick auf den See. Vom Passo nun in einigen Kehren auf Mulattiera in südwestlicher Richtung hinab ins Hochtal Val di Nembra. Wir queren dann in weitem Halbbogen hinüber zu dem von Limone heraufführenden Steig (Mark.-Nr. 101). Hier ein kurzes Stück links zum Aussichtspunkt (mit Bank) auf der Cima di Mughera.
Die Rückkehr erfolgt auf dem Anstiegsweg.

40 Cima SAT, 1276 m

Felsenthron mit Klettersteigeinlage über Riva

Riva – Capanna S. Barbara – Cima SAT – Riva

Blick von der Cima SAT auf Riva und die Nordausläufer des Monte Altissimo.

Talort: Riva, 73 m; siehe Seite 13.
Ausgangspunkt: Westseite von Riva beim Anstiegsweg zur „Bastione" (der Sessellift zur Bastione ist nicht mehr in Betrieb).
Parkmöglichkeiten: Entlang der Straße beim Ausgangspunkt bzw. in Riva (Parkplätze).
Gehzeiten: Riva–Cima SAT 3½ Std., Rückweg 2½ Std.; insgesamt: 6 Std.
Anforderungen: Zu Beginn und bis zur Cap. S. Barbara breiter Wanderweg, ab Cap. steiler Steig – zum Teil ausgesetzt – mit einer Klettersteigeinlage (lange Leiter). Für Trittsichere und Schwindelfreie ohne Probleme begehbar. (Es führt ein Klettersteig auch direkt auf die Cima SAT; sehr beliebt.) Der kleine Felsgipfel der Cima SAT ist nur absolut sicheren Berggehern anzuraten. Der Abstieg erfolgt auf steilem, aber gut begehbarem Steig, das letzte Stück auf schmalem Fahrweg.
Höchster Punkt. Cima SAT, 1276 m.
Einkehrmöglichkeiten: Bar la Pineta am Anfang der Tour. Caffè Bastione. Cap. S. Barbara (nur an Wochenenden im Sommer einfach bew.; 6 Lager). Albergo/Ristorante S. M. Maddalena.
Sehenswertes: Phantastische Tiefblicke auf Riva und den Gardasee.

Die Route: Von der Umgehungsstraße auf der Westseite von Riva (gegenüber dem Hotel „Miravalle") gehen wir auf dem ausgeschilderten, befestigten Weg (Mark.-Nr. 404 bis, rot) links in Richtung Bastione, vorbei an der

Bar „la Pineta“, bis wir nach 15 Min. einen Picknickplatz erreichen. Kurz hinter der Wegverzweigung links Richtung Bastione (5 Min.), wo nach wenigen Metern rechts der Anstiegsweg zur Cap. S. Barbara abzweigt. Auf breitem Weg durch Wald in Serpentinen hoch. Nach 20 Min. querführender Fahrweg. Auf ihm links weiter, dann nach 5 Min. weitere Wegverzweigung. Rechts auf schattigem Bergweg höher, bis wir auf eine breite Betonmauer stoßen, dann in Serpentinen hinauf zur aussichtsreich gelegenen Cap. S. Barbara. Links an ihr vorbei, nach wenigen Minuten bei der Wegverzweigung rechts hoch zu den ersten Sicherungsseilen. In Serpentinen weiter ansteigend zur Chiesetta S. Barbara. Von der Kapelle links weiter, dann über einige gesicherte Stellen (Eisenleiter, etwa 10 Meter lang) höher. Nach einer Stunde von der Capanna weitere Wegverzweigung. Wir gehen rechts über Serpentinen durch lockeren Mischwald auf schönem Steig steil bergan. Nach weiteren 40 Min. wieder rechts und ziemlich eben durch eine zerklüftete Felslandschaft mit Unterständen aus dem Ersten Weltkrieg, bis wir auf den freistehenden Felsen der Cima SAT treffen. – Für den Abstieg gehen wir ein kurzes Stück zurück, dann rechts und auf dem „Sentiero Crazidei“ (Mark.-Nr. 418, rot) hinab. Der Steig führt uns in Serpentinen steil durch die Nordflanke des Berges, wo wir nach 1½ Std. von der Cima SAT auf den breiten, querführenden Weg von Riva nach Campi treffen. Hier rechts (Mark.-Nr. 402) leicht fallend weiter, vorbei an der Turmruine S. Giovanni, bis wir auf den befestigten Weg stoßen. Bei der Abzweigung links, vorbei am Albergo S. M. Maddalena, dann zweimal rechts und hinab nach Riva.

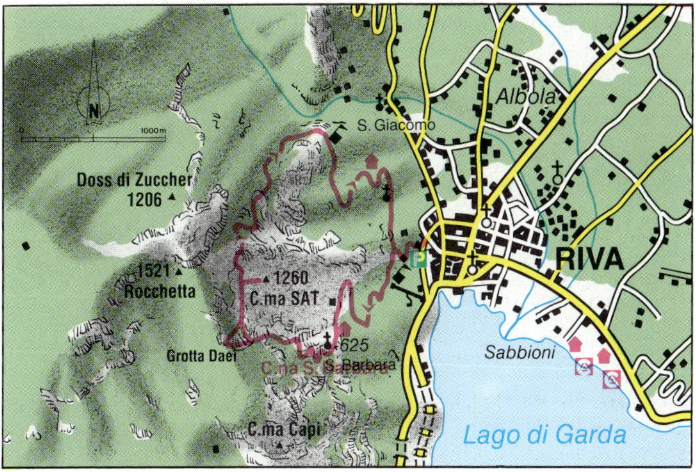

41 Rocchetta, 1540 m

Auf Kriegspfaden über Riva

Biacesa – (San Giovanni) – Bochet dei Concoli – Rocchetta – Bocca di Giumella – Malga Giumella inferiore – Biacesa

Talort: Biacesa di Ledro, 418 m; kleiner Ort an der Straße zum Ledrosee mit Kirche, Bar und einigen Weingärten um den Ort. Anfahrt von Riva über San Giacomo und den Ledrotunnel.
Ausgangspunkt: Bar Diaz in Biacesa.
Parkmöglichkeiten: Kleiner Parkplatz an der Durchgangsstraße im Ort sowie an der Kirche.
Gehzeiten: Anstieg zur Rocchetta 2½–3 Std., Abstieg über die Bocca di Giumella 3 Std.; insgesamt: 5½–6 Std.
Anforderungen: Anspruchsvolle Tour, die Trittsicherheit und Schwindelfreiheit voraussetzt. Die heiklen Stellen tauchen jedoch erst bei der Querung auf dem Gipfelkamm auf; die Anstiege zur Bochet (Bocca) dei Concoli und zur Bocca di Giumella sind problemlos.
Höchster Punkt: Rocchetta, 1540 m.
Einkehrmöglichkeiten: Unterwegs keine. Bar Diaz in Biacesa sowie zahlreiche Gasthöfe am Ledrosee.
Sehenswertes: Kavernen und Stellungen aus dem Ersten Weltkrieg entlang des Gipfelkamms. Der Abstieg durch die Val Giumella führt auf ehemaliger Römerstraße. Wallfahrtskirche San Giovanni.

Die Route: Wir beginnen unsere Tour bei der Bar Diaz an der Durchgangsstraße und gehen 200 Meter (Mark.-Nr. 417, rot-weiß) die asphaltierte Straße Richtung Dorfmitte zu einer Mauer; dort rechts auf eine schmale,

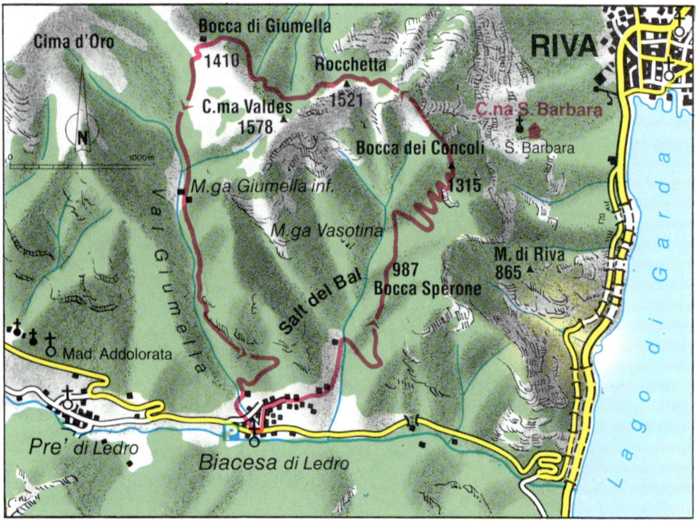

Das zerklüftete Felsmassiv der Rocchetta und die Cima Capi von Osten.

aber weiterhin asphaltierte Dorfstraße. Nach 300 Metern folgen wir den Markierungen links hoch. Allmählich lassen wir das Dorf hinter uns und steigen durch mauergesäumte Weingärten 150 Meter zu einer weiteren Wegverzweigung an. Nun den gepflasterten Weg gerade hoch (rechts geht es zur Chiesa S. Giovanni) und bei der nächsten Abzweigung ebenfalls geradeaus. Durch das steile, bewaldete Gelände in insgesamt zwei Stunden zur Bochet dei Concoli, 1221 m. Jenseits ein kurzes Stück hinab bis zur Wegverzweigung Richtung Rif. Pernici (Mark.-Nr. 413). Hier beginnt der schwierigste Teil unserer Tour (Drahtseilsicherung): Wir bewegen uns nun auf alten Kriegspfaden an Kavernen entlang, steigen über Felsstufen und schlüpfen durch einen Felsdurchlaß. Bei der nächsten Abzweigung halten wir uns links (geradeaus); dann in Serpentinen zur Kammhöhe, wo wir auf die Nordostseite der Rocchetta wechseln. (Den Gipfel können wir über einige Serpentinen von Norden her erreichen.) Nun in einer ebenen Traverse durch den steilen Hang hinüber zur Bocca di Giumella, 1410 m, mit zwei riesigen Hochspannungsmasten. Hier verlassen wir den Höhenweg und steigen auf Pfad (Mark.-Nr. 451, rot) links hinab, wo wir bald auf einen breiten Almweg stoßen. Nun direkter Abstieg, vorwiegend durch Gebüsch (bei allen Abzweigungen halten wir uns rechts), zu den Almwiesen der Malga Giumella inferiore. Rechts durch Wald vorbei, dann links auf Verbindungsweg zu dieser. Auf Fahrweg in einer Stunde hinab nach Biacesa.

42 Cima d'Oro, 1802 m

Wanderung oberhalb des Ledrosees

Mezzolago – Malga Dromaè – Bocca Dromaè – Cima d'Oro – Malga Giumella superiore – Valle Giumella – Barcesino – Mezzolago

Talort: Molina di Ledro, 638 m; malerischer Ort am Ostende des Ledrosees mit Alberghi, Restaurants, Tankstelle an der Verbindungsstraße zum Gardasee.
Ausgangspunkt: Kleiner Parkplatz am oberen Dorfende von Mezzolago.
Gehzeiten: Mezzolago–Cima d'Oro 3½ Std., Abstieg durch die Valle Giumella nach Molina di Ledro und zurück zum Ausgangspunkt 2½ Std.; insgesamt: 6 Std.

Anforderungen: Überwiegend breite und gut begehbare Almwege. Beim Abstieg streckenweise Bergsteig. Auch für Familien mit Kindern gut geeignet.
Höchster Punkt: Cima d'Oro, 1802 m.
Einkehrmöglichkeiten: Unterwegs keine. Restaurants und Bars in Mezzolago und Molina di Ledro.
Sehenswertes: Herrliche Tiefblicke auf den Ledrosee sowie auf den Tennosee.

Die Malga Dromaè auf der Westseite der Cima d'Oro.

Die Rundtour: Vom Parkplatz in Mezzolago gehen wir auf der asphaltierten Straße bergwärts, wobei wir der Ausschilderung „Malga Dromaè" (Mark.-Nr. 453, rot) folgen. Zwischen Heustadeln und Ferienwohnungen weiter bis zu Wegverzweigung (½ Std.). Dort rechts weiter, dann bald links (Ende der befestigten Straße). Nun auf breitem Ziehweg durch schönen Mischwald, wobei wir immer auf dem Hauptweg bleiben. Bei den nächsten Verzweigungen zuerst rechts und dann wieder links, vorbei an einem Bildstock, und hinauf bis zum unteren Rand der steilen Almwiesen. Hier Que-

rung nach links und in 20 Minuten hinauf zur Malga Dromaè (2½ Std. ab Ausgangspunkt). Rechts an der Alm vorbei und auf breitem Weg in weiteren 20 Minuten zur Bocca Dromaè, etwa 1650 m, wo wir auf den querführenden Weg von der Bocca Saval treffen. Auf der Nordseite des Kammes (alter Kriegssteig; Mark.-Nr. 413) leicht fallend zum Fuß der Cima d'Oro. – Von hier führen Pfadspuren zum Gipfel (½ Std.). – Wir gehen nun weiter Richtung Osten, vorbei an einigen Kemenaten aus dem Ersten Weltkrieg, dann leicht fallend Richtung Bocca Giumella. Nach einer halben Stunde Wegverzweigung; nun geradeaus weiter zur Bocca Giumella, die wir bei zwei großen Hochspannungsmasten erreichen. Auf schmalem Pfad rechts hinunter in Richtung Ledrotal, wo uns bald dichtes Gebüsch aufnimmt (bei allen Abzweigungen rechts halten). In Höhe der Malga Giumella inferiore, da wo der Verbindungsweg von der Alm heraufkommt, müssen wir auf die Markierung (Pfeil, rot) achten, damit wir die Abzweigung Richtung Barcesino nicht verpassen. Nach einer Stunde erreichen wir dann die Fahrstraße Richtung Molina di Ledro. Auf ihr zurück nach Mezzolago.

43 Cima Pari, 1991 m

Stille Wanderung auf einen unscheinbaren Aussichtsgipfel

Pieve di Ledro – Malga Saval – Bocca di Saval – Cima Pari

Talort: Pieve di Ledro, 668 m; kleiner Ort am Fuß der Cima Pari, einen knappen Kilometer westlich des Ledrosees, mit alter Kirche und einigen Hotels.
Ausgangspunkt: Ortsmitte von Pieve di Ledro. Anfahrt von Riva über San Giacomo und den Ledrotunnel.
Parkmöglichkeit: Parkplatz am Ortseingang von Pieve.
Gehzeiten: Pieve di Ledro–Cima Pari 4 Std., Abstieg 2½ Std.; insgesamt: etwa 6½ Std.
Anforderungen: Zu Beginn Ziehweg bzw. Forststraße, dann leichter, zum Teil schmaler Bergsteig, jedoch ohne Schwierigkeiten. Der Anstieg auf den Gipfel erfolgt auf schmalem Pfad.
Höchster Punkt: Cima Pari, 1991 m.
Einkehrmöglichkeiten: Unterwegs keine. Evtl. Abstecher zum Rif. Nino Pernici (siehe Tour 46). Restaurant und Bar in Pieve di Ledro.
Sehenswertes: Kirche von Pieve di Ledro. Tiefblick auf den Ledrosee.

Die Cima Pari weist – wie viele Gipfeln der Gardaseeberge – keine ausgeprägte Form auf, denn sie ist „nur" die höchste Erhebung des Bergkammes zwischen der Rocchetta im Osten und der Bocca di Trat im Westen. Doch

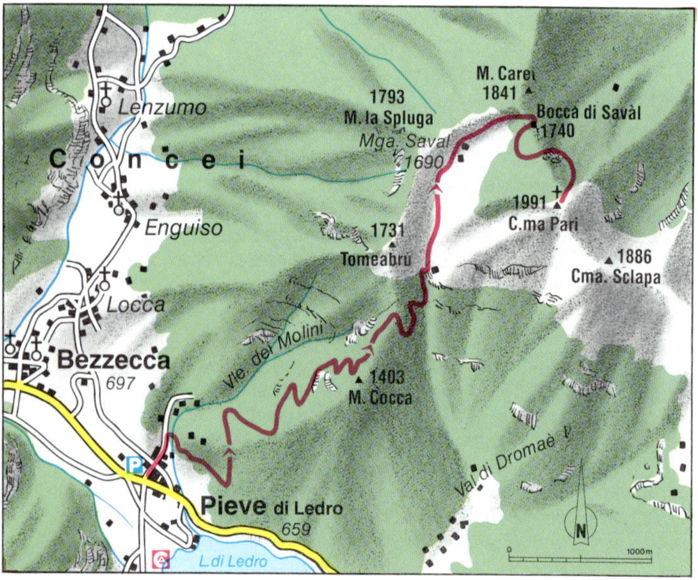

Abendstimmung an der Cima Pari (rechts im Hintergrund).

der Anstieg auf seiner Südseite ist abwechslungsreich und im unteren Teil sogar angenehm schattig. Und wer noch „Luft“ hat, kann einen Abstecher zum Rif. Pernici dranhängen.

Die Route: Vom Parkplatz am Ortseingang links am Albergo Alpino vorbei und auf asphaltierter Straße 10 Minuten bergwärts. Am Ende der befestigten Straße rechts über den Bach und den Markierungen (rot-weiß) folgend auf Ziehweg Richtung Osten. Nach 10 Minuten queren wir zum erstenmal eine Forststraße – auf die wir wiederholt treffen werden –, dann 10 Minuten weiter auf dieser. Nun rechts auf Ziehweg durch Wald, wobei wir immer den Markierungen folgen, bis wir wieder auf eine Forststraße treffen. Links weiter auf Ziehweg bergan(Ausschilderung „Monte Cocca“, Mark.-Nr. 454). Bald treffen wir auf den von Pieve heraufkommenden Fahrweg. Auf diesem kurz höher, dann bei der Gabelung links, sodann nochmal links und auf einem Ziehweg weiter. Nach ungefähr 2 Stunden Gehzeit treten wir hinaus auf den freien Kamm. Wir folgen nun der Ausschilderung zur Malga Saval, wobei wir abwechselnd links bzw. rechts des Kammes durch das allmählich freier werdende Gelände höher steigen, bis wir die Almwiesen erreichen. Bei der Malga Saval beginnt dann rechts der schmale Pfad (Mark.-Nr. 413), der uns über die Westflanke durch buschiges Gelände auf den höchsten Punkt der Cima Pari bringt.

Der Abstieg erfolgt auf dem gleichen Weg.

44 Monte Cadria, 2254 m

Auf den höchsten Gipfel der Gardaseeberge

Lenzumo – Valle dei Molini – Vies – Malga Vies – Malga Cadria – Monte Cadria und zurück

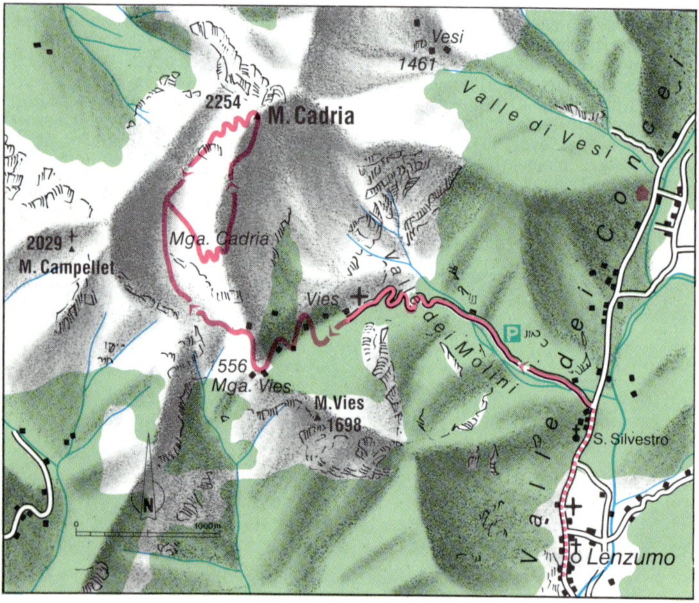

Talort: Pieve di Ledro, 668 m; kleiner Ort, westlich des Ledrosees mit alter Kirche und einigen Hotels.
Ausgangspunkt: Kleiner Waldparkplatz (ca. 900 m Höhe) im Valle dei Molini, einem Seitental des Valle di Concei in der Nähe von Lenzumo. Anfahrt über Pieve di Ledro, Enguiso und Lenzumo. Knapp 1 km hinter Lenzumo zweigt links eine schmale Asphaltstraße ab („Alla Baita Parco Pubblico"); nach 700 m endet diese bei einem kleinen Holzhäuschen. Weiterfahrt nur mit Genehmigung.
Parkmöglichkeit: Siehe oben.
Gehzeiten: Vom Parkplatz zur Malga Vies 1¾ Std., Malga Vies–Malga Cadria 1 Std., Gipfelanstieg 1½ Std., Rückweg 2½ Std.; insgesamt: 6½–7 Std.
Anforderungen: Breite, bezeichnete Almstraßen und -wege, der Gipfelanstieg ist an manchen Stellen etwas ausgesetzt, aber gut begehbar; Abstieg auf der Nordwestseite steiler Bergpfad, bei Nässe gefährlich, dann besser auf Anstiegsweg zurück. Trittsicherheit und Schwindelfreiheit erforderlich.
Höchster Punkt: Monte Cadria, 2254 m.
Einkehrmöglichkeiten: In Lenzumo.
Sehenswertes: Gipfelrundblick und abwechslungsreiche Almlandschaft.

Knapp unterhalb des höchsten Punktes am Monte Cadria.

Da viele Gipfel rund um den Gardasee die 2000-Meter-Grenze überschreiten, fällt der Monte Cadria – die höchste Erhebung – mit seinen 2254 Meter Höhe nicht sonderlich auf. Etwas versteckt liegt er hinter dem Ledrosee und offenbart seine Größe nicht einmal bei der Anfahrt. Da viele Bergwanderer den Monte-Baldo-Kamm für die höchste Erhebung halten, weist der Monte Cadria nicht sehr viele Besucher auf.

Der Anstieg auf den Monte Cadria: Vom Parkplatz im Wald gehen wir zuerst auf breiter Almstraße weiter Richtung Westen, wo wir bald zu einem verfallenden Haus der Elektrizitätsversorgung gelangen. Dort links über die Brücke und dann steil bergan auf dem bez. Weg (Mark.-Nr. 423, rot) zur Malga Vies, 1555 m. Kurz vor der Alm Wegverzweigung. Hier rechts hinauf – weiterhin auf breitem Almweg – zur bestoßenen Malga Cadria, 1914 m. 200 Meter östlich der beiden Almgebäude beginnt der Steig (Mark.-Nr. 423, rot) in südöstlicher Richtung auf den grasbewachsenen Gipfelkamm. Abwechselnd nun auf der östlichen und dann wieder auf der westlichen Seite (Laufgräben und Unterstände aus dem Ersten Weltkrieg) allmählich höher. Die letzte Erhebung des Kammes, bevor er steil nach Norden abbricht, ist der eigentliche Gipfel des Monte Cadria. Nun im Uhrzeigersinn durch die steile Westflanke des Gipfels (Trittsicherheit und Schwindelfreiheit) und von „hinten" auf den kreuzbesetzten Gipfel.

Die Rückkehr: Auf dem letzten Stück des Anstiegswegs zurück, dann rechts hinüber in Richtung des parallel verlaufenden Graskammes. In Mitte desselben links in Serpentinen hinab und auf nurmehr leicht fallendem Steig zurück zur Malga Cadria und auf dem Anstiegsweg zurück.

45 Rifugio Malga Grassi, 1056 m

Bequemes Ausflugsziel in einem schönen Hochtal oberhalb von Riva

Riva – San Giovanni – Campi – Malga Grassi – Rif. Malga Grassi

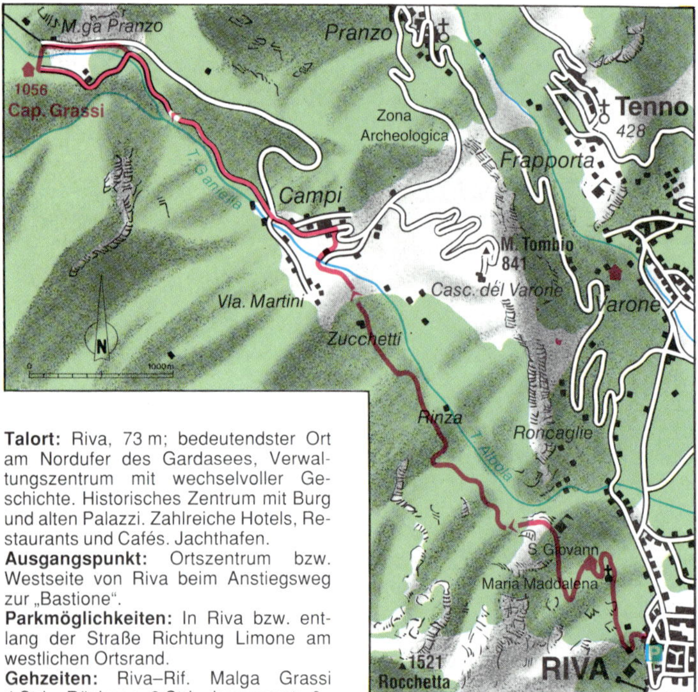

Talort: Riva, 73 m; bedeutendster Ort am Nordufer des Gardasees, Verwaltungszentrum mit wechselvoller Geschichte. Historisches Zentrum mit Burg und alten Palazzi. Zahlreiche Hotels, Restaurants und Cafés. Jachthafen.
Ausgangspunkt: Ortszentrum bzw. Westseite von Riva beim Anstiegsweg zur „Bastione".
Parkmöglichkeiten: In Riva bzw. entlang der Straße Richtung Limone am westlichen Ortsrand.
Gehzeiten: Riva–Rif. Malga Grassi 4 Std., Rückweg 3 Std.; insgesamt: 6–7 Std.
Anforderungen: Leichte und breite Wanderwege (Wirtschaftswege).
Höchster Punkt: Rif. Malga Grassi, 1056 m.
Einkehrmöglichkeiten: Rif. Malga Grassi (bew. von Mitte April bis Ende Oktober; keine Übernachtung).
Sehenswertes: Reizvoller Blick auf Riva, Hochtalumrahmung des Albiolo mit Corno di Pichea.

Obwohl wir das Rifugio Grassi auch bequem mit dem Auto anfahren könnten, möchten wir diesmal den Anstiegsweg direkt von Riva aus vorstellen. Am Ziel des Weges erwartet uns eine bewirtschaftete Hütte am Ende eines von schroffen Felsen eingerahmten Hochtals. In-

Das Rifugio Malga Grassi am westlichen Rand der Almwiesen der Malga Grassi.

nerhalb weniger Stunden – sogar zu Fuß – verlassen wir mediterranes Gebiet und steigen in eine Landschaft, die uns das Gefühl vermittelt, in weit nördlicheren Gefilden zu sein.

Der Anstiegsweg: Von der Umgehungsstraße auf der Westseite von Riva (gegenüber dem Hotel „Miravalle“) nehmen wir zuerst den steilen, asphaltierten Weg Richtung „Bastione“, vorbei an der Bar „la Pineta“, bis wir nach 15 Min. einen Picknickplatz erreichen. Kurz dahinter gehen wir bei der Wegverzweigung rechts, Richtung Albergo S. M. Maddalena. Dort links vorbei und auf dem breiten Wanderweg (Mark.-Nr. 402, rot) weiter bergan, bis wir auf die große Turmruine S. Giovanni treffen. Nun nahezu eben und überwiegend schattig – immer oberhalb des Torrente Albola, vorbei am Weiler Zucchetti, hinüber zum kleinen, idyllischen Ort Campi, den wir bei der Kirche erreichen. Nun auf der taleinwärtsführenden Asphaltstraße durch den Ort, bis zu der Stelle, wo die Straße eine scharfe Rechtskehre nimmt. Hier beginnt der alte Almweg, der uns nun entlang des Torrente Gamella, z. T. durch freies Gelände und durch Wald, nur leicht ansteigend zur Malga Grassi bringt. Am anderen Ende der Almwiesen steht am Waldrand das bewirtschaftete Rifugio Malga Grassi.

Der Rückweg: Am besten auf dem Anstiegsweg zurück. Vom Parkplatz beim Rifugio können wir mit etwas Glück jedoch auch per Autostop bzw. von Campi mit dem Bus nach Riva zurückkehren.

46 Bocca di Trat und Bocca di Saval, 1740 m

Eine aussichtsreiche Höhenrunde

Rif. Malga Grassi – Bocca di Trat – Bocca di Saval – Rif. Malga Grassi

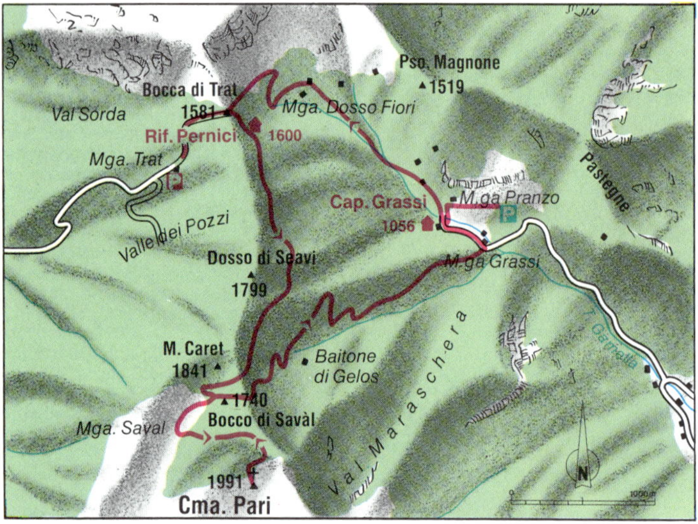

Talort: Riva, 73 m; bedeutendster Ort am Nordufer des Gardasees, Verwaltungszentrum mit wechselvoller Geschichte. Historisches Zentrum mit Burg und alten Palazzi. Zahlreiche Hotels, Restaurants und Cafés. Jachthafen.

Ausgangspunkt: Malga Pranzo beim Rif. Malga Grassi, 1060 m. Anfahrt von Riva über San Giacomo, Pranzo und Campi, zuerst auf asphaltierter Straße, dann auf Schotterweg durch die Südseite des Monte San Martino bis zur Malga Pranzo, 13 km von Riva.

Parkmöglichkeiten: Kleiner Parkplatz vor der Malga Pranzo.

Gehzeiten: Malga Pranzo–Bocca di Trat 1¼ Std., Bocca di Trat–Bocca di Saval 1 Std., Abstieg zum Rif. Malga Grassi 1¼ Std.; insgesamt: 3½ Std.

Anforderungen: Der Anstieg zur Bocca di Trat sowie der Abstieg von der Bocca di Saval zum Rif. Malga Grassi erfolgt auf breiten, aber schattigen Wirtschaftswegen; der Übergang von der Bocca di Trat zur Bocca di Saval erfolgt auf schmalem Bergsteig (Trittsicherheit erforderlich; eine Passage ist mit Seil gesichert).

Höchster Punkt: Bocca di Saval, 1740 m.

Einkehrmöglichkeiten: Rif. Malga Grassi, 1056 m (von Mitte April bis Ende Oktober bew.; keine Übernachtung). Rif. Nino Pernici, 1600 m (von Juni bis Ende September bew.; 30 Lager).

Sehenswertes: Schöne und freie Talblicke von der Kammhöhe. Besonders reizvoll im Herbst, wenn hier die intensive Laubfärbung einsetzt.

Blick über die Bocca di Trat auf die Gipfel jenseits des Valle dei Concei.

Anstieg zur Bocca di Trat und zum Rif. Nino Pernici: Vom Parkplatz bei der Malga Pranzo gehen wir in westlicher Richtung, bis bald der Weg rechts (Mark.-Nr. 402, rot) in Richtung Rif. Pernici weist. Vorbei an der Malga Pranzo, dann hinein in den Wald und auf breitem Weg in gemächlicher Steigung höher. Jenseits der unbewirtschafteten Malga Dosso Fiori, 1357 m, in einigen großen Kehren hinauf zur Bocca di Trat. Rechts davon erheben sich die steilen und zerklüfteten Felswände der Ausläufer des Corno di Pichea; und westlich des Valle dei Concei zeigt sich der höchste Berg der Gardaseeberge, der Monte Cadria. Wir gehen nun links weiter auf breitem Weg und nach nur knapp fünf Minuten Gehzeit treffen wir auf das stattliche Rif. Nino Pernici in aussichtsreicher Lage.

Übergang zur Bocca di Saval und Abstieg zum Rif. Malga Grassi: Von der Hütte führt nun ein zum Teil schmaler Höhenweg, ohne nennenswerte Steigung, durch die steilen Grasflanken des Dosso di Seavi in südwestlicher Richtung hinüber zur Bocca di Saval. Einige Kavernen aus Kriegszeiten bieten kurz hinter dem Rifugio bei Bedarf Schutz vor Regen. An der Bocca di Saval (ebenfalls einige alte, z.T. verfallende Unterstände) verzweigen sich die Wege. Wir nehmen den abwärts führenden Fahrweg, der uns vorbei an der Baitone di Gelos zuerst etwas steiler, dann sanft ausklingend hinunterbringt zur Malga Grassi. Dort auf der Fahrstraße links hinüber zu dem am Waldrand gelegenen Rif. Malga Grassi, das uns zum Abschluß der Tour noch einmal Einkehr bietet. Von der Hütte dann links weiter und in wenigen Minuten auf der breiten Fahrstraße zurück zum Parkplatz.

47 Monte Misone, 1803 m

Auf den Wächter des Lago di Tenno

Val di San Pietro – Rif. Monte Misone – Monte Misone

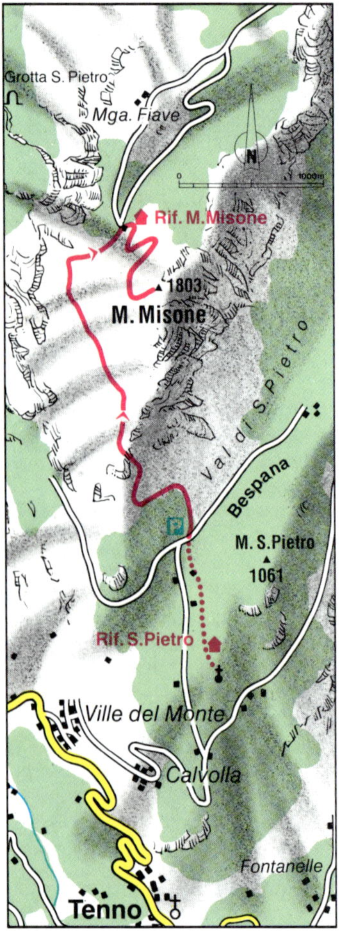

Talort: Tenno, 428 m; schön gelegener Ort oberhalb der Varoneschlucht, 7,5 km von Riva, an der Straße zum Lago di Tenno, mit Alberghi und Restaurants. Besonders reizvoll die Reste der alten Burg (keine Besichtigung möglich) und das darunterliegende, eingefriedete Dorf mit seinen engen Winkeln.
Ausgangspunkt: Hochebene von San Pietro. Zufahrt über Ville del Monte, 550 m (3 km von Tenno in Richtung See), dann rechts auf schmaler, asphaltierter Straße hinauf nach Calvolla. Vor den ersten Häusern links hoch und sehr steil hinauf zur Hochebene; nach 3 km von Ville del Monte Ende der asphaltierten Straße. Hier links 1,4 km weiter auf Sandstraße. Der Ausgangspunkt kann auch zu Fuß von Tenno auf dem ausgeschilderten Weg „Sentiero del Salt" erreicht werden.
Parkmöglichkeiten: Kleiner Parkplatz 2,5 km von Ville del Monte bei Kreuz; dann am Ende der Asphaltstraße, sodann am Ende der öffentlichen Fahrstraße.
Gehzeiten: Ausgangspunkt–Rif. Misone 1¾ Std., Rif. Misone–Gipfel ¾ Std., Abstieg 1½ Std.; insgesamt: 4 Std.
Anforderungen: Bergsteig zum Rif. Misone (Mulattiera); auf den Gipfel führt ein schmaler Pfad.
Höchster Punkt: Monte Misone, 1803 m.
Einkehrmöglichkeiten: Rif. S. Pietro, 976 m; 10 Min. zu Fuß vom Ausgangspunkt (Ausschilderung, Fahrverbot; Mitte Mai bis Mitte September sowie an den Wochenenden davor und danach bew.). Rif. Misone, 1555 m, Selbstversorgerhütte in etwas tristem Zustand.
Sehenswertes: Blick auf den Lago di Tenno, Riva und den Gardasee.

Wie zahlreiche Hochtäler in den Gardaseebergen wurden auch im Val San Pietro alte Almhütten in Wochenendzufluchtstätten umgewan-

Das Rifugio Monte Misone von Südosten gesehen.

delt sowie einige neue Ferienhäuser gebaut, doch sind sie hier nicht unbedingt als Störfaktor auszumachen. Trotz der relativen Nähe zu Riva ist es ruhig geblieben. Nach Ende der Tour bietet sich das Rif. San Pietro in herrlicher Lage mit Blick auf Riva als Rastplätzchen.

Der Anstieg: Vom Parkplatz am Ausgangspunkt gehen wir auf der Fahrstraße noch 150 m Richtung Norden, dort Wegverzweigung. Ein Schild weist uns nach links zum Monte Misone (Mark.-Nr. 412, rot). Auch bei der nächsten Verzweigung halten wir uns links. Dann geht es steil und in weiten Kehren auf Mulattiera durch Laubwald empor. Nach etwa 1 Std. Gehzeit geht's durch einen „Durchschlupf", danach neigt sich das Gelände zurück und in nurmehr leichter Steigung – immer schön schattig – wandern wir gemütlich in nordwestlicher Richtung höher. Links hinunter bietet sich dann bald ein schöner Blick auf den Tennosee. Eine gute halbe Stunde dauert diese Querung der Südwestflanke, bis wir auf einen Felsabbruch stoßen, wo wir bereits das Rifugio sehen können. Wir biegen um die Ecke und gehen, leicht fallend, immer noch durch Wald, hinüber zur Unterkunftshütte. – Der Weiterweg zum Gipfel beginnt direkt beim Rifugio. In südöstlicher Richtung steigen wir – zum Teil der Sonne ausgesetzt – auf Pfadspuren durch reizvollen Mischwald mit Birken, Eschen, Lärchen, Tannen und zahlreichen Sträuchern hinauf zum freien, blockübersäten Gipfel.

Der Abstieg erfolgt auf dem selben Weg.

48 Dosso della Torta, 2151 m

Weg der Enziane und Edelweiße

Ballino – Malga Nardiso – Dosso della Torta und zurück

Talort: Riva, 73 m; bedeutendster Ort am Nordufer des Gardasees, Verwaltungszentrum mit wechselvoller Geschichte. Historisches Zentrum mit Burg und alten Palazzi. Zahlreiche Hotels, Restaurants und Cafés. Jachthafen.
Ausgangspunkt: Ballino, 794 m; kleiner Ort mit Kirche, Restaurant, Bar und Albergo an der Verbindungsstraße von Riva nach Ponte Arche; 16 km von Riva.
Parkmöglichkeit: Parkplatz am Ortsende in Richtung Ponte Arche.
Gehzeiten: Ballino–Malga Nardiso 3½ Std., Malga Nardiso–Dosso della Torta 1½ Std., Rückkehr auf dem Anstiegsweg 3 Std.; insgesamt: 8 Std.
Anforderungen: Zuerst Forstweg, dann Almsteig, der Gipfelweg ist etwas ausgesetzt. Trittsicherheit und Schwindelfreiheit erforderlich.
Höchster Punkt: Dosso della Torta, 2151 m.
Einkehrmöglichkeiten: Unterwegs keine. Ristorante und Bar in Ballino.
Sehenswertes: Die Almwiesen der Malga Nardiso mit ihrer Blütenpracht (im Frühjahr Tausende von Enzianen), Tiefblick auf den Lago di Tenno.

Zwischen dem Lago di Tenno und dem Valle di Concei erreichen die Gardaseeberge beträchtliche Höhen. Einer von ihnen, der Dosso della Torta, sowie der von ihm ausgehende Kamm Richtung Süden zur Bocca di Trat, bietet neben dem Wandererlebnis auch für den Liebhaber alpiner Flora Erfreuliches: zahllose Enziane und das sonst so seltene Edelweiß.
Der Anstieg: Vom Parkplatz 400 Meter auf der Straße in Richtung Ponte Arche, dann links den beschilderten Almweg hoch, dem wir gut eineinhalb Stunden in weiten Kehren folgen. Am Ende der Ausbaustrecke macht der breite Weg einen Schwenk und mündet auf einen schmalen, etwas ausge-

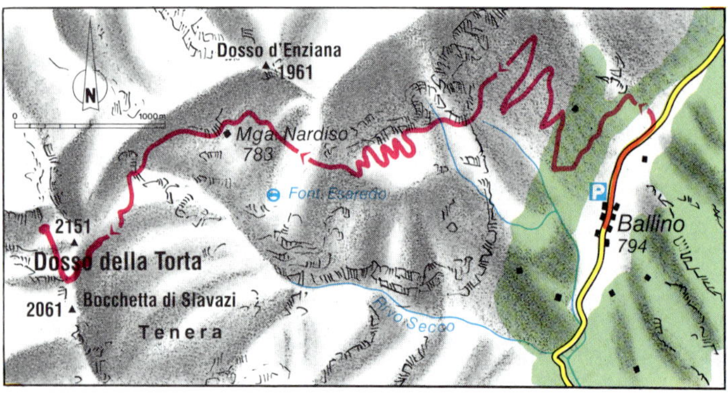

Der Ort Ballino vom Anstieg zum Dosso della Torta.

setzten Steig, der die Bergflanke in südöstlicher Richtung leicht fallend quert. Nun steigen wir durch schattigen Wald in Serpentinen höher und gelangen nach einer weiteren Stunde Gehzeit zu den Almmähdern. Weit oberhalb sehen wir bereits die schön gelegene Malga Nardiso. Schneller als vermutet – nach einer knappen halben Stunde – erreichen wir diese. Hier Wegverzweigung. Nun ziemlich eben in weitem Bogen durch die im Frühjahr enzianübersäten Almwiesen und durch Latschengebüsch hinüber zum steil abfallenden Dosso della Torta. Der Schlußanstieg führt zuerst durch das nördliche Kar, dann wechseln wir hinüber auf die Nordostseite. Nach der Scharte queren wir die Bergflanke und treffen nach 10 Minuten auf eine Weggabelung. Von hier in westlicher Richtung auf den Gipfelgrat und in einer halben Stunde hinüber zum felsigen Gipfel.
Die Rückkehr erfolgt auf dem selben Weg.

49 San Giovanni al Monte, 1050 m

Aussichtsreicher Abstecher hoch über dem Sarcatal

Ceniga – Lizzone – Coste dell'Anglone – San Giovanni – Dro – Ceniga

Talort: Dro, 123 m; touristisch unbedeutender Ort im Sarcatal mit interessanter Pfarrkirche. Einige Gasthöfe und Restaurants.
Ausgangspunkt: Ceniga, 118 m; kleine Ortschaft links der Hauptstraße, 8,5 km nördlich von Arco. Hundert Meter vor der Ortsmitte geht links ein Fahrweg weg; dieses mauergesäumte, schmale Sträßchen 200 m entlang bis wir an eine alte (1865 rekonstruierte) Steinbrücke kommen. Jenseits davon beginnt der markierte Weg (Wandertafel, Nr. 428 rot-weiß).
Parkmöglichkeit: Im Ort. Am Ausgangspunkt nur wenige Stellplätze.
Gehzeiten: Ceniga–San Giovanni 2½ Std., Abstieg und Rückkehr über Dro 3 Std.; insgesamt: etwa 6 Std.

Anforderungen: Die Route verläuft zum Teil auf einem alten Verbindungssteig, den österreichische Pioniere im Ersten Weltkrieg anlegten. Der Durchstieg durch das Felsband hinauf zur Coste dell' Anglone erfolgt mit Hilfe einiger Treppen. Heikle Stellen sind gesichert. Trittsicherheit und Schwindelfreiheit an einigen Passagen erforderlich.
Höchster Punkt: San Giovanni al Monte, 1050 m.
Einkehrmöglichkeiten: Rif. San Giovanni (Ristorante/Bar, ganzjährig an Wochenenden geöffnet).
Sehenswertes: Tiefblick auf das landschaftlich buntgemusterte Sarcatal mit seinen Weingärten, Seen und verstreut liegenden Ortschaften.

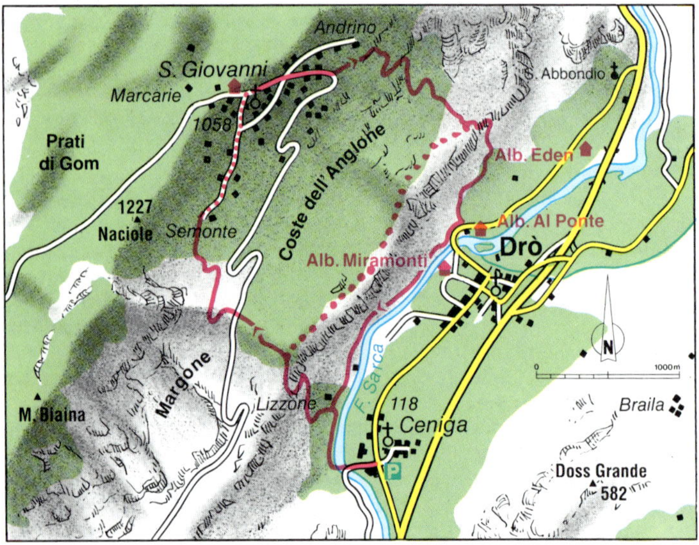

Beim Rifugio San Giovanni im gleichnamigen Weiler oberhalb von Dro.

Die Rundtour: Von der Wandertafel auf der Westseite der Sarca folgen wir der rot-weißen Markierung Nr. 428, die in nordwestlicher Richtung zum Bergfuß führt. Der breite Wanderweg leitet uns dabei zuerst zur alten Ansiedlung Maso Lizzone. Von dort folgen wir dem Weg durch einen Olivenhain, der uns dann in einigen Kehren zu einem Felsabbruch auf der höher liegenden Coste dell'Anglone bringt. Hier benützen wir nun den alten Kriegssteig, der uns mit Hilfe von Treppen einige Schwierigkeiten überwinden hilft. Geländer zur Absicherung geben uns dabei psychologische Hilfe. Nach etwa 1¼ Std. erreichen wir eine Wegverzweigung auf der Coste. (Rechts führt ein Verbindungsweg zu unserer Abstiegsroute.) Wir folgen nun dem Weg Nr. 428 durch Wald und steigen hinauf bis zu der von Arco heraufführenden Asphaltstraße. Hier links etwa 50 Meter abwärts, dann rechts auf Ziehweg weiter hinauf durch dichten Wald (Eichen) zu den ersten Gebäuden von San Giovanni. Auf nunmehr breitem Fahrweg hinauf zum Rifugio und zur kleinen Kirche an der Fahrstraße. – Für den Abstieg folgen wir kurz der Straße abwärts Richtung Dro, bis nach 300 Metern ein Wirtschaftsweg (Ausschilderung; Mark.-Nr. 425) nach links wegführt. Auf diesem in zwei Gehstunden hinunter nach Dro. Der Weg verengt sich dabei wieder zu einem Steig und leitet uns rasch zum Querverbindungsweg auf der Coste. An der Wegverzweigung links und auf historischem Steig steil hinunter durch die felsige Flanke. Der Steig mündet nahe der Uliveto „Oltra" an der Sarca-Brücke. Um zum Ausgangspunkt zurückzukommen, überqueren wir nicht die Sarca, sondern gehen rechts durch Olivenhaine auf schmaler Straße zurück nach Maso Lizzone und dann hinaus nach Ceniga.

50 Monte Casale, 1631 m

An der Grenze zwischen Gardaseebergen und Brenta

(Ponte Arche) – Comano – Rif. Don Zio Pisoni – Monte Casale

Talort: Ponte Arche, 400 m; Erholungsort an der Verbindungsstraße zwischen Trient und Tione di Trento mit einigen Hotels und Restaurants in sanfter Hügellandschaft am Oberlauf der Sarca. Kurz davor das Heilbad Terme di Comano.
Ausgangspunkt: Comano, 618 m; hübscher, kleiner Ort am Westausläufer des Monte Casale mit Kirche, Albergo und Trattoria. Anfahrt über Sarche nach Ponte Arche (11 km); in Ponte Arche links auf der asphaltierten Straße in weiten Kehren hoch nach Godenzo und schließlich nach Comano (4 km von Ponte Arche).
Parkmöglichkeiten: Parkplatz im Ort bzw. oberhalb des Ortes an der Fahrstraße am Waldrand.
Gehzeiten: Comano–Rif. Don Zio 2–2½ Std., zum Gipfel weitere 10 Min., Rückweg 1½ Std.; insgesamt: 4 Std.

Anforderungen: Breite Forst- und Almwege bzw. leicht zu begehender Bergsteig. Auch für Familien mit Kindern.
Höchster Punkt: Monte Casale, 1631 m.
Einkehrmöglichkeit: Knapp unterhalb des Gipfels das Rif. Don Zio Pisoni, 1600 m (50 Lager, von Mitte Juni bis Ende September an Wochenenden geöffnet).
Sehenswertes: Tiefblick auf den reizvoll gelegenen Toblinosee.

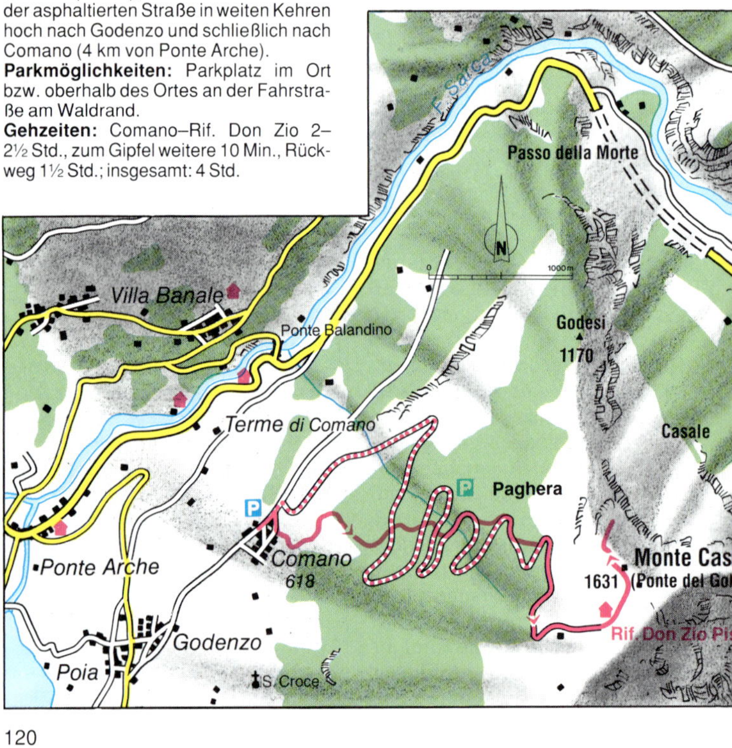

Blick von Norden über das Schloß von Toblino auf den Monte Casale.

Falls wir von Trient her in die Gardaseeberge kommen, sehen wir am Toblinosee ihren mit steilen Felsen abbrechenden nördlichen Abschluß, den Monte Casale. Von hier aus stellt er für den Wanderer eine nicht gerade einladende Ansicht dar, doch von seiner Westseite führt ein geradezu gemächlicher Anstiegsweg auf seinen Gipfel.

Der Anstieg: Von Comano gehen wir nach der Kirche rechts die Straße hoch, vorbei am „Albergo Panoramica", bis zu einer Straßenbiegung mit Kreuz. Hier rechts ab und auf der nun unbefestigten Straße (für den öffentlichen Verkehr gesperrt) hinauf, bis wir nach etwa 500 Metern ab Ortsmitte auf den Wegweiser Nr. 411 treffen. Hier haben wir nun zwei Möglichkeiten: Entweder bleiben wir auf dem breiten Wirtschaftsweg, der uns in weiten Kehren bis zum Rif. Don Zio führt, oder wir benutzen den ausgeschilderten, schmalen Steig – der diesen Fahrweg mehrmals quert. Nach etwa zwei Stunden Gehzeit von Comano mündet von rechts der Anstiegsweg von Pietramurata ein. Nun über freies Almgelände den sanft ansteigenden Gipfelhang hinauf zu dem festen Steinbau des Rif. Don Zio. Falls es verschlossen ist, bieten sich immerhin die bequemen Rastbänke vor der Hütte zum Verweilen an. Zum Gipfel sind es dann nurmehr 10 Minuten in nördlicher Richtung. Von der weiten Gipfelfläche genießen wir dann den Blick auf den tief unten liegenden Toblinosee und die umliegenden Bergkämme.

Die Rückkehr erfolgt auf der selben Route.

Kein Wunder, es ist GORE-TEX®.

GORE-TEX® ist ein eingetragenes Warenzeichen der W. L. GORE & Associates

Beim Klettern, Bergsteigen und Wandern jeden Augenblick genießen! Sich auch bei Wind und Wetter immer warm und trocken, fit und leistungsfähig fühlen. Kleidung mit GORE-TEX®-Funktion sorgt für perfekten Wetterschutz und bestmöglichen Klima-Komfort. Dafür steht die GORE-TEX® Jahresgarantie.

GORE-TEX® GARANTIE

Stichwortverzeichnis

Bezeichnungen wie Rif., Malga, Ponte, Monte usw. sind nachgestellt.

Acqua, Valle dell' 38
Alpo, Rif. 21, 78
Alvezza, Malga 80
Andrino 118
Arche, Ponte 120
Arco 13
Assenza 46
Avio 14, 36

Baita SAT 22
Baldo, Ferrara di Monte 44
Baldo, Loc. Monte 42
Baldo, Monte 40
Ballino 116
Barana, Rif. G. 44, 46
Barbara, Albergo S. 30
Barbara, Cap. S. 100
Barbara, Passo S. 26
Barcesino 104
Bardolino 14
Bastione, Caffè 100
Benaco, Torri del 56
Biacesa 102
Biaena, Monte 28
Bocca Cocca 74
Bogliaco 17
Boldis 66
Bollone 72
Bonaventura, Rif. Baita Segala 88
Bondo, Val di 84
Bondone 78
Bondone, Tre Cime di 24
Brentino 52
Brentonico 13
Brenzone, Porto di 54
Briano 70
Brione, Monte 90

Cadria, Malga 108
Cadria, Monte 108
Cadrione, Malga 92
Campei, Bocca di 80
Campi 110
Campione del Garda 17
Campo 54
Campo, Malga 34
Canaletta, Passo 34
Caplone, Bocca di 78
Caplone, Monte 80
Capovalle 74, 76
Carone, Monte 88
Casale, Monte 120
Cascate del Varone 18
Casèt, Malga 96
Casina, Malga 32
Cassone 46, 48
Castelletto 14
Castello 54
Cei, Lago di 18
Ceniga 118
Chienis 26
Chierego, Rif. 50
Chiesa, Rif. Damiano 32, 34, 40
Cima Palon 22
Colomber 58
Colombera, Bar 90
Comano 120
Comer, Cima 70
Concoli, Bochet dei 102
Corna Piana 20, 34
Cornetto 24
Corno, Cima 94
Corona, Madonna della 52
Costabella 50
Creino, Monte 30

Dalco, Malga 86
Denervo, Monte 70
Desenzano del Garda 16
Don Zio Pisoni, Rif. 120
Dosso d'Abramo 24
Dro 118
Dromaè, Bocca 104
Dromaè, Malga 104

Era, Corno dell' 72

Fiabio, Malga 48
Fontane, Trattoria la 70
Forti, Baita dei 40, 42
Fortini, Bocca dei 92

Gaino 60
Gaino, Monte Castello di 62
Garda 14, 56
Garda, Rif. 96
Gardone Riviera 16, 58
Gargnano 17, 62, 64, 66, 70, 72
Garniga 22
Garniga vecchia 22
Gesta, Val di 26, 30
Giù, Malga 94
Giumella, Bocca di 102
Giumella inferiore, Malga 102
Grassi, Malga 110
Grassi, Rif. Malga 110, 112
Graziani, Rif. 34
Guil, Passo 88, 92

Idrosee 74

Lagolo 24
Larici, Bocca dei 98
Lasino 24
Lazise 14
Leano, Malga 92
Ledro, Lago di 21
Ledro, Pré di 92
Lenzumo 108
Liano 70
Limone 17, 86, 88
Lizzone 118
Loppiotal 28, 30
Luppia, Monte 20, 56

Maddalena, Ristorante S. M. 100
Madonna della Corona 20
Madonna di Montecastello 21
Magasa 80
Maggiore, Monte 46
Magugnano 54
Malcesine 14, 40, 42, 46, 48
Malga Grassi, Rifugio 19
Mandoal 76
Manerba del Garda 19
Marmitte dei Gigante 18
Marza, Bocca di Val 96
Mezzolago 104
Misone, Monte 114
Misone, Rif. Monte 114
Moerna 74
Molina di Ledro 94, 104
Molini, Valle dei 108
Monte-Baldo-Höhenstraße 19
Montecastello 68
Montecastello, Madonna di 68
Monticello 34
Mori 13, 28, 30, 34
Mughera, Cima di 88, 98
Murette, le 56
Muslone 66, 70

Nago 30, 32
Nago, Monte Altissimo di 32, 34, 40
Nago, Prati di 32
Naole, Creste di 50
Nardiso, Malga 116
Navazzo 62, 70
Navene 38

Navene, Bocca di 36, 38, 40
Navene, Loc. Bocca di 40
Noci, Malga Pra delle 82
Nogare, Valle delle 46
Nogarola, Val 38
Nomesino 28
Nota, Passo 84
Nota, Rif. Passo 84
Novezza, Rif. 44
Novezzina, Rif. 44

Ombea, Malga 78, 80
Oro, Cima d' 104
Ortigara, Baiti di 50

Palaer, Malga 98
Palazzina 54
Palazzo, il 60
Palon, il 22
Pannone 30
Pari, Bar 106
Pernici, Rif. Nino 106, 112
Peschiera del Garda 14
Pettorina, Punta 44
Pian di Pur 94
Piana, Val 88
Pieve di Ledro 106, 108
Pieve di Tremosine 17
Pineta, Bar la 100
Piovere 66
Pirello, Monte 58
Pizzocolo, Monte 60
Polzone di fuori 82
Pontare, San Antonio delle 54
Ponte, Selva dal 80
Porto 50
Prada 50, 54
Prade, Dos le 60
Pranzo, Malga 112
Pregasina 18, 98
Prospero Marchetti, Rif. 26
Punta San Vigilio 20

Rest, Rif. Cima 80
Riva 13, 90, 98, 100, 110, 112, 116
Rocchetta 102
Rocchetta, Monte 66
Rocchetta, Passo 98
Rovereto 28

SS. Benigno e Caro 48
Salò 16
San Alessandro 90
San Giacomo 34
San Giovanni 102, 110, 118
San Giovanni al Monte 118
San Giovanni, Rif. 18, 118
San Martino, Malga 94
San Michele 82
San Pietro 86
San Pietro, Rif. 18, 114
San Pietro, Val di 114
San Rocco 30
San Valentino 64
San Vigilio, Punta 56
Santa Maria 62
Sasso 64, 70
SAT, Cima 100
Saval, Bocca di 106, 112
Saval, Malga 106
Scalette, Bocca delle 36
Segala, Rif. Baita 92
Segate 84
Singol, Val 86, 88
Sirene, Baia delle 56
Sirmione 15
Somator, Malga 28
Sommavilla 46
Spiazzi 52, 82
Spino, Monte 58
Spino, Passo 58, 60
Spino, Rif. Pirlo allo 58
Spino, Tratto 40, 42
Stino, Monte 76
Stivo, Monte 26

Stivo, Rif. 26
Stua, Lago di Pra della 36
Sur, Val di 58

Tambosi, Rif. Alpino Fratelli 24
Telegrafo, Punta 46
Telegrafo, Rif. 44, 46
Tenno 13, 114
Tenno, Lago di 18
Tiarno di sotto 96
Tignale 68
Toblino, Lago di 18
Tombea, Albergo 80
Tombea, Cima 78
Torbole 13
Torri del Benaco 14
Torta, Dosso della 116
Toscolano-Maderno 16, 60
Trat, Bocca di 112
Tratto Spino 40, 42
Tremalzo, Monte 21
Turano 74

Valdritta, Cima 42
Valdritta, Rif. 44
Varano 30
Vescovo, Porta del 48
Vesio 82, 84
Vesta di Cima, Malga 72
Vesta di Mezzo, Malga 72
Vesta, Passo di 72
Vesta, Valle di 72
Vies, Malga 108

Yadira, Cap. la 40, 42

Zovel, Malga 46
Zures, Malga 32

34 Betten,
geöffnet vom
20. Juni bis
20. September

Rif. D. Chiesa al Monte Altissimo, 2070 m

Hüttenwirt Ello Orlandi
I-38078 S. Lorenzo in Banale/Trento · Telefon (04 65) 7 42 92

Hotel ★★★

Palazzina

Ein Fenster am Gardasee!

In malerischer und ruhiger Lage inmitten von alten Gewächshäusern für Zitronenbäume, mit Rundblick auf den See. Ausgezeichnete, von den Besitzern geführte Küche. Alle Zimmer mit Bad oder Dusche und mit Aussicht auf den See. Zentralheizung, Restaurant, Bar, Lift, Schwimmbad, abgeschlossener Privatparkplatz. Panorama-Terrasse und großer Park. Tennis-Club 1 km, Golfplatz 2 km entfernt.

Hotel PALAZZINA, Dir. Familie Segala
I-25084 Gargnano (BS), Lago di Garda, Italien
Telefon und Telefax: 0365/71118

Die große Wanderkartenserie

- mit alpinistisch-touristischen Informationen
- mit Sehenswürdigkeiten
- mit Verzeichnis der Schutzhütten
- mit Ortsverzeichnis
- mit Radwanderrouten (bei vielen Karten)

freytag&berndt

Ergänzend zu diesem Führer empfehlen wir:

Wanderkarte WKS 20 Gardasee

W 026b/89